일본군 위안부,
또 하나의 목소리

일본군 위안부,
또 하나의 목소리

배춘희 말하고 박유하 정리하다

**뿌리와
이파리**

이 책을 배춘희 할머님께 바칩니다

프롤로그

'목소리'에 '응답'하기

이 책은 2020년 5월에 세상에 나온 인권운동 활동가 이용수 님의 '목소리'에 대한 '응답'으로서 만들어진 책이다. 자세히는 뒤에서 말하겠지만, 이용수 님의 용기 있는 목소리가 없었다면 이 책은 세상에 나오지 않았을 것이다. 그런 의미에서 먼저 이용수 님께 감사드린다.

이 책에는 위안부 할머니들 네 분의 목소리가 담겼다. 전부 2013년 가을부터 다음해 5월까지 내가 직접 만났던 분들이고, 그분들의 허락을 얻어 녹음/녹화된 내용들이다. 사실 만난 분은 두 분 더 있지만, 한 분은 첫 만남 이후 다시 만날 기회가 없어서 기록을 남기지 못했고, 다른 한 분은 지금도 활동 중이신 분이라 누가 될 수도 있어서 넣지 않기로 했다.

　나는 2013년 여름에 『제국의 위안부 ─ 식민지지배와 기억의 투쟁』이라는 책을 펴냈고, 그해 가을부터 이듬해 봄까지 위안부 할머니 몇분을 인터뷰했다. 책을 쓸 때는 '위안부'의 총체적 모습을 보기 위해서 오래전에 나온 증언집과 여러 문헌을 바탕으로 썼지만, 당사자들이 일본의 사죄와 보상에 대해 실제로 어떻게 생각하는지 확인하고 싶었기 때문이다.

하지만 위안부 할머니를 만나는 것은 쉬운 일이 아니었다. 교류를 이어가는 건 더욱 어려웠다. 자세한 이야기는 뒤에서 다시 쓰게 되겠지만, 이 책에 수록된 많은 통화 기록이 남게 된 것은 사실 바로 그런 '어려움' 때문이기도 했으니, 이 책은 그런 아이러니의 결과물이기도 하다.

나는 이른바 위안부 체험에 대해서는 질문을 최소화해 꼭 필요한 것만 여쭈었다. 그분들께는 여러 번 반복되었을 질문이고 이미 책이나 다른 자료를 통해 알고 있는 경우도 있었기 때문이었다. 그리고 약간의 차이는 있어도 한 분 빼고 다섯 분은 지원단체가 주장해왔던 '법적 사죄'와는 다른 생각을 갖고 있다는 것을 확인할 수 있었다. 그래서 그분들의 목소리를 세상에 내보내야겠다고 생각했고, 다음해 2014년 4월 말에 몇몇 일본 전문가/언론인들과 함께 〈위안부 문제, 제3의 목소리〉라는 심포지엄을 열어 내가 들은 '목소리'들—묻혔던 목소리들의 일부를 세상에 내보냈다. 하지만 그로부터 꼭 한 달 반 후에 나는 '나눔의 집' 할머니들 이름으로 고소고발을 당했고, 이후엔 더이상 그런 작업을 할 수 없었다.

그리고 기록된 내용조차도, 그것을 '제대로' 마주하면서 나에게 남겨진 '대화'의 의미를 차분하게 다시 생각해볼 시간은 가질 수 없었다.

6년 전 녹음을 다시 기억해내도록 만든 것은 이용수 님 기자회견 기사 이후 나온, 내가 가장 가깝게 교류했던 배춘희 할머니에 관한 기사였다. 그 기사는, '나눔의 집'이 배춘희 할머니의 재산을 소송까지 해서 뺏어갔지만 '나눔의 집'이 내놓은 배 할머니의 유산기부약정서가 위조일 수 있다는 의혹을 제기하고 있었다. 나는 내가 갖고 있는 기록이 '나눔의 집' 내부고발자의 용기 있는 문제제기에 대한 '응답'

이 될 수도 있겠다고 생각했다.

　그때부터 비로소 나는 6년 전 통화/영상 녹음/녹화물을 다시 듣기 시작했다. 그건 시끄러운 세간에 거리를 두는 방식으로서도 적절한 선택이었다. 나에 대한 고발과도 결코 무관하지 않은 사건, 그러나 곧바로 목소리를 더하고 싶지는 않았던 세간의 정황에 거리를 두면서 나는 '할머니'들의 목소리, 그리고 과거의 나의 목소리에 귀를 기울였다. 내가 해야 할 일을 그 목소리들이 가르쳐줄 것이라고 믿었기 때문이다. 그 '목소리'들의 '제안'이 더 풍성할 수 있도록, 녹음 상태가 나빠 다시 듣지 않았던 녹음까지 새로 복원을 의뢰했고, 다른 사람에게 부탁해 만든 이후 일일이 대조 확인하지 않았던 당시 녹취록을 보면서 수정하거나 빈 곳을 메워나갔다. 생각보다 시간이 많이 걸리는 작업이었지만, 꼭 해야 할 일이라고 생각하고 모든 일정을 뒤로 미룬 채 이 작업에 집중했다.

　그리고 내가 찾은 답은, 그 '목소리'들이 세상으로 나가야 한다는 결론이었다. 여러 모습이기는 해도 그 목소리들은 분명 자신의 목소리를 세상이 들어주기를 원하고 있었고, 그 목소리를 들은 사람으로서 나에게는 전달의 의무가 있었다.

　이 책은 그렇게 해서 세상에 나오게 되었다. 말하자면 이 책은, 이용수 님, 김대월 실장 등 '나눔의 집' 내부고발자, 그리고 배춘희 할머니 유산 문제에 관심을 갖고 보도해준 한국일보 안하늘 기자 등의 '목소리'에 대한 내 나름의 '응답'이다.

　하지만 듣는 이가 없으면 '목소리'들은 자신의 자리를 찾지 못한 채 사라지고 만다. 그런 의미에서 지난 두세 달 동안 어렵게 나온 '목소리'들에 귀를 기울이고, 각자의 방식으로 그 '목소리'에 자신의 목소리를 더해나갔던 모든 분께 이 책을 보내고 싶다. 그렇게 해서 이 책을 처음 만난 이들도 자신의 목소리를 다시 보태주기를. 오로지 그런 바람을 담아 이 책을 낸다.

2020년 8월 10일

아홉 달 동안의 '대화'를 되새기며

박유하

02
또다른 목소리—사죄·보상·기억

일러두기

· 할머니들의 목소리는 사투리를 포함해 가급적 원음을 살렸다. 다만 원활한 의미 전달을 위해 일부는 표준어로 정리했다.

· 녹음/녹화 내용이 함께 수록되어 있다. 대화에서 박유하의 말 앞에는 ▷를 붙여서 구분했다.

· 가장 많은 대화를 나눈 배춘희 할머니의 경우 처음 만날 무렵의 영상도 갖고 있지만 그 일부 내용을 2018년에 낸 『제국의 위안부』, 법정에서 1460일』에 썼기 때문에 여기에 다시 싣지는 않았다.

· 배 할머니는 일본어를 자주 사용하셨기에 원어대로 기록하고 이어서 번역을 붙여 두었다.

· 의미 파악을 위해 꼭 필요하지 않은 간투사, 접속사 등은 생략했다. 원활한 의미 파악을 위해 괄호 안에 의미를 보완하기도 했다.

· 전체 내용을 가급적 원본대로, 대화 날짜순으로 복원하되, 병에 대한 이야기 등 사적인 사안이나 다른 분들과의 갈등 등, 책의 취지에 비추어 꼭 필요하지 않은 부분은 생략했다. 생략된 내용을 밝힐 때는 [ ]로 표시했다.

· 배 할머니와의 대화는 공식 인터뷰가 아니라 박유하와의 사담이므로 일반 증언집과 달리 하나의 흐름으로 이야기가 이어지지 않았음을 미리 명기해둔다.

· 정확히 판독되지 않는 부분은 물음표를 넣었고, 유추 가능한 부분은 유추된 글자와 함께 괄호 안에 물음표를 표기했다. 판독되지 않는 부분은 [불명]으로 표기했다. 상대방의 말 도중에 나오는 짧은 대꾸나 반응 등은 [ ]로 묶었다.

· 거친 언어는 ***로 표기했다.

· 2014년 1월에서 2월까지의 기록에서 다른 부분에 비해 판독 불가능한 부분이 많이 남은 이유는 할머니의 목소리가 거의 안 들릴 만큼 녹음 상태가 안 좋았기 때문이다.

· 인명은 특별한 경우를 제외하고는 개인정보 보호를 위해 ○○○로 처리했다.

배춘희 할머니와의 대화

2013년 12월 18일 오후 6시 19분

2013년 11월, 위안부 할머니들과 대화를 나누고 싶어 찾아간 '나눔의 집'에서 나는 배춘희 할머니를 처음 만났다. 첫날은 다른 이들과 함께였지만, 이후 따로 찾아가기도 했고, 나중에는 할머니가 나에게 자주 전화를 걸어왔다. 당신에게 가족이 없고 내가 일본어를 안다는 것이 나에게 마음을 연 큰 이유였던 것 같다.

다음은 반년에 걸쳐 이어진 전화와 영상 기록의 흔적이다. 두 번째로 전화를 걸어왔을 때 나는, 첫 만남에서 그랬듯이 녹음을 하겠다고 말하고 허락을 받았다. '나눔의 집' 직원과 다른 할머니도 계시는 식당에서 처음 만났을 때 "할머니 말씀이 중요해서"라고 기록 목적을 말씀드렸던 것처럼, 녹음이 필요하다고 생각해 말씀드렸던 것이다. 배 할머니는 첫 녹화 때처럼 흔쾌히 수락해주었다. 만남까지의 자세한 경위는 『《제국의 위안부》, 법정에서 1460일』에 써두었다.

통화를 전부 녹음한 건 아니어서 기억이 확실치는 않지만, 이날 (2013년 12월 18일)은 아마도 세 번째 통화였을 것이다.

사진

어, 거기 손님 계시는 모양인데.

▷아뇨. 이제 괜찮아요. 아까는 제가 누굴 만나느라고. 아까 전화드렸더니 안 받으시더라고요.

아니 인자, 내가 이거 휴대폰인가 뭔가 여기 놓고, 배께(밖에) 우리, 배께 홀에, 〈6시 내고향〉이라 카는데 그거하고 『조선일보』, 지금 이북에 사건 있었잖이, 장성택 총살한 거. 그거 쭈욱 듣다가 조선방송 듣다가 〈6시 내고향〉에 또 집에 또 뭐 달라이 라마, 스님 연설하는 거 그거 보고. 난 또 일찍 전화 받으믄(면) 거(기)에 손님이 가끔 오시잖아. 그러니깐.

▷아, 저요? 이제 괜찮아요. 제가 주말에는 출장을 다녀왔고요, 엊그저께 전화하셨잖아요. 사무실 직원이 와서 여러 가지 물어보고 그랬다고.

아니, 딴 건 안 물어봤어.

▷그게 저기… 뉴스에서 하더라고요, 그거 봤어요. 네, ○○○….

아, 긍께, 그 뭐 ○○○이, 이리 해가지고 또 손가락질하고 해가지고 사진 베끼고… 그거뿐이지. 사진만 베끼갔지 연출(?)도 안 하고…

▷ 그 뉴스 보셨어요?

응, ○○○이잖아 ○○○이. ○○○이보고 딴 사람이(한테) 사진 찍으라 카는데 다 안 찍는다 카니께 ○○○이 사람이 제일 순해노니께네(놓으니까), 그래 ○○○이가 나와가지고 손가락만 요래 해가지고… 서만(서 있기만 하면) 된다 카믄서(하면서) 사진만 찍으면 된다고, 사진만 찍어가지고….

▷ 제가 본 거는요, 할머니. 그, MBC였던 것 같던데, ○○○ 할머니가 나오시던데요?

아, 그건 아이(니)고, 이건 ○○○이라, 빼빼한 할매.

▷ 아, 알아요, ○○○ 할머니도 어떤 분인지 알아요, 제가 그때 옆에 앉았기 때문에…. 근데, TV 뉴스에 몇 군데 나왔는데, 뉴스에 나온 건 ○○○ 할머니던데요?

글쎄, ○○○이가 나오던지, 거(거기) 나간(나가는) 사람은 두세 명배께(밖에) 없잖아.

▷ 네, 무슨 내용인지는 아시죠?

아, 뭐, 구루마 타고 돈 벌러 돌아댕겼다는 둥, 뭐… 어떻다는 둥 함서(하면서) 그런 일이 있냐 카니까네, 할머니들, 그런 일 없고 사진도 거기 없고 딴 사람들 사진도 거 없고 카니까네, 할머니들 암(아무) 말도 안 하니까네, 그카고 거(그) 사진 찍어가지고 가더라고, 소장이.

▷ 네. 교과서가 몇 종류가 나오고 있는데, 그 교과서 중 하나가, 할머니들 이야기… 할머니들에 대해서 이제까지의 교과서와는 좀 다르게 썼다고 해서 지금 문제가 되고 있거든요. 그래서 그걸 할머니들께 확인하려고 그런 것 같아요.[1]

아, 그러니께 할매들이 아무도 그걸 몰라노니께네(몰라놓으니까). 거(그거) 사무실에 입때까지(이제껏) 걸어났던 사진이거든. 근데 누가 찍어가가지고 뭐… 얘기를 해주니 그런 말이 났지(나왔지). 그… 내가 사무실에, 18년 전에 여기 올 때도 그냥 기념관에 붙이가(붙여져) 있었다고.

근데 그걸 우찌 갑자기 찍어가지고 뭐 이런 소문이 났다, 저런 소문이 났다… 거 오만 전부 사진기 가지고 놀러온 사람들 있잖아. 그러니까 찍어갔겠지. (그걸) 누가 찍어가지고 가가지고 뭐… 혹시나 그런 일이 없었나 카고 물어보니까, 할매들이… 거(기에)는 자기들 사진도 없지, 그러니까, 거 옛날에 트럭도 없고. トラク(트럭)도 없고, 옛날 군대 차인지 뭔지 그 쪼매낸 차, 요새 같으면 쪼매낸 짐 싣는 차 같은 거, 사람 한 스무 명인지 열몇 명인지 태워가지고 찍은 사진을 18년 전에도, 처음에도 여기 붙여놨었거든. 나도 깜짝 놀랐어. 뭐 이걸 가지고 그러나, 아이고, 뭐 손님들이 찍어가지고 가가지고 뭐 그걸 말을 맨들어가지고 왔는데… 이런, 그것도 있었나 카고 그리 묻더라고. (하지만) 그 장면은 아무도 모르고, 그저 사진만 기념관에 이리 붙이(여)놓고.

---

1) 이른바 '국정교과서 사태' 당시의 일. 언론이 국정교과서 비판을 위해 '나눔의 집' 에 와서 '증인'들의 이야기를 취재하려 했던 것 같다.

티비에 나오는 위안부 할매라 카면서 군인이 웃통 벗고 또 그 앞에 여자가 밑에 앉아 있고 웃통 벗고 있데(있더라고).

　그거는 島女(섬 여성), 마닐라나 군대 사진이지, 중국 사진이 아이(니)거든. [그렇죠, 지역에 따라 다르죠.] 그걸 보믄, 내가 본, 그 사진만 자꾸 케이비에스에 나오는데, 거 암만 봐도 이건 필리핀이나 무슨 딴 나라지, 뭐 마닐라나 딴 나라지, 이거 동양의 군인들이 웃통 벗고 그리 서가지고… 그라믄 거 큰일 나지, 그거. 헌병들이 막 따라댕기는데.[2]

▷ 네, 할머니 말씀하시는 대로 지역에 따라서 많이 상황이 달랐던 것 같은데요.

아니, 거 포스터를 가져와가지고, 테레비에서 밤낮 그거 하나만, 십몇 년… 내가 온 지 18년 들어가는데, 밤낮 고거 한 장만 내놓는다고.

▷ 참, 네, 문제가 많죠. 별일 없으셨어요, 어제오늘은?

그리고 또, 옛날에도 우리도 봤지만, 일본 사람들이 한국에서 무슨 병정들 相手(상대)해가지고 위안부 한다 카는 그런 장사한 사람 없고, 한국에도 없고 중국에도 없고… 전부, 우리끼리 하는 말은, 전부 한국 사람… 또 중국엔 중국 사람들이 주인 노릇하고, 이제 한국 사람들이 중국에 가가지고… 전라도 사람, 평양 사람, 그런 사람들이 장사했지.

---

[2]　헌병들은 위안소 관리를 통해 군인의 음주, 위안부에 대한 폭행 등을 감시하고 때로 처벌했다. 여기서 이야기되고 있는 것은 가장 흔하게 유통되는, 트럭으로 위안부들이 이동하는 사진인 듯하다.

일본 사람들은 한국에서 옛날에 캬바레는… 캬바레 하고 飮み屋(술집) 같은 그런 건 좀 했는지 몰라도, 여기서 뭐 손님들 상대해가지고 몸 팔고 하는 그런 장사는 한 적이 없거든, 일본 사람은. 중국에도 없고.

▷ 그런데 할머니들은 다 일본 사람들도 많이 있었다고 얘기들 하시거든요.

그거는 メチャクチャ(엉터리로) 하는 소리야. 그거 뭐, 언… 어느 장소에서 했는지 함 내놓으라고. 주소 어데고, 어디서 그런 거 한 건지. 그런 사람들… [불명] 한번 물어봐야지. 그런 것도 내 생각에는 너무 참… 사람이, 그야말로 또 하는 소리지만, 이승에서는 通(통)하는지 모르지만 저승에선 안 통하지). 그러지.

▷ 할머니는 그런 얘기 딴 사람한테는 하신 적 없으시지요?

아이라, 내가 어떨 때는… 딴 일에… 뭐 이것도 그렇지만, 아이고 뭐 이승에는 그런 일이 통할란지 모르겠지만 저승에는 안 통할걸, 하고 삐쳐갖고 말을 하지.

▷ 아, 직접 말씀하신 적도 있어요?

아, 삐쳐가지고 話を(이야기를), 삐쳐가지고, 皮肉で(비꼬는 얘기로). 내가 인제 日本語で(일본어로) 말하자면) 皮肉で(비꼬는 얘기로). 그런데 거, 선생님은 일본에 몇 년 계셨지요?

▷ 저는 오래 있었어요. 10년 넘어요. 제가 공부를 오래 했기 때문에 다 합하면 10년이 넘어요.

그러니깐, 내가 어쩔 땐 자꾸 日本語しか(일본어로만)….

▷ 아, 그건 괜찮아요, 할머니. 일본어로 쭉 얘기하셔도 돼요. 편하게 말씀하세요.

그래서 내가 가만히… 어젠가 아렌가 〈6시 내고향〉이라 카는 그거 보니깐, 에집트(이집트)인가 어딘가 얼라들 막 못 먹고… 나이제리아(나이지리아)… 거기뿐 아니라 지금 미국, 아프리카, 못 사는 사람 많잖아요. 못 먹고 못살고 하는 얼라들(아이들), 거름통에 가서 뭐 주워가지고 오고. 아니면 열몇 살 애기들이 저(어디) 가서 일해가지고 벌이고(벌고)… 막 자꾸 이런 게 나오더라구. 그기(그게) 나오길래, 아이고, 참 저런 거 보면 불쌍타고. 그 이야기 듣고는 ○○○이가 한단 소리가. 우리는 더 불쌍하다고. 불쌍하긴 뭐가 더 불쌍해, 정부에서 다 돈 주지, 전부 2억 5000만씩이나, 지나 나나 돈 그거 했지, 정부에서 또 죽을 때까지 봐주지, 그래서 우리보담은 아프리카 사람들이… 그래노니께 각 스님들, 각 나라 사람들, 영화배우들… 그 김미숙이, 김미숙이가 갔더라고, 그 여배우가. 가가지고, 여배우도 11살 묵은 아(이)들 앞에 서 눈물 흘리더라고. 불쌍해서 못 봐가지고. 그 장면을 보니깐. 내가 정대로(마음 가는대로?) 우리 할머니들이 안 할 말로 하나 앞에 만 원씩만 걷어도, 한 5만 원씩만 내도, 내가지고 우리가 그 기부해봐, 얼마나 소문이 좋게 나는가. 할머니들도 하나 앞에 5만 원씩 해가지고 열 명 같으면… 그만 한 돈이라도 좀 부쳐줬으면 좋겠다, 내가 이 얘길 하니까네, 한단 소리가, "우리는 왜놈들 있을 때 산에 나무해가지고 장에 팔고 그리 고생했다"고, "저런 것들이 뭐가 불쌍하냐"고, "우리가 더 불쌍하다"고, 이 지랄 하고 앉았어. 내가 막….

▷아….

한 사람 앞에 5만 원씩이라도 걷어놓으면, 열 명 같으면 돈이 얼마야. 그거라도 좀 해주면 되지, 하면, "그 동네 있는 부자들한테 돈을 얻어 쓰라 카지 우리들이 뭐하러 돈 내!", 그래. 돈을 안 내도, 말을 그리 하면 안 되잖아. 내가 얼마나 무참해, 거기서.

▷할머니는 몇천만 원씩 기부하고 그러셨는데….

어, 그런데 저그는, 여기는 ○○○가… 아름다운재단에… 인자 일본 정부에서 비밀로, 民間(민간), 政府の金이 아니고(정부의 돈이 아니라) 民間の金(민간의 돈)을 우스키라는 사람이 가져왔는데 그 돈 5000만 원 받고, 또 인자 지(제) 돈 5000만하고, 그, 아름다운재단에 기부했잖아, ○○는.

그런데 그 사람도 성격은 또 뭐냐 카면… 여기 사무실에 그때 혜진 스님 있을 때 500만 원하고 또 1000만 원하고… 말로는 그래 1000만 원하고 그리 2500만 원을 사무실에 줬다, 사무실도 기부금으로 주는 긴가보다 고맙다 하고 사무실에서는 받았거든. 받았는데… 이게 막 또 할매들끼리 싸움이 일어나면….

▷왜요?

싸움, けんかけんか(싸움, 싸움). 싸움이 일어나면 지(제) 편이 되어줘야
하는데, 지는 2500만 원 돈을 낸 사람인데, 싸움을 하면 경우야 어쨌
든지 간에 지를 도와줘야 되는데… 딴 사람이 正しかった라는 것
을 みんなが(옳았다는 걸 모두가) 딴 사람이 証明하는 거야, どういう
理由でケンカして(증명한다고, 무슨 이유로 싸웠고)… 그렇게 했으니까네,
이 이후는 ○○가 아니고 딴 사람이, 그 사람이 옳은 줄 알고. ○○를 絶
交、負けにするわけや(절교, 지게 만들거든)…. 그래놓으믄, ○○가 말하
는 게 소장보고, 내 돈 2500만 원 준 거, 내 돈 그거 전부 그로와서
(다 챙겨서) 낼 아침 내놓으라고, 난 이 집에서 나가겠다고, 이러고 또 싸
우잖아. 여(여기) 아주 めちゃくちゃ라(엉망이라), 하는 짓이. 지가 돈을
내놓고 싸움하면(돈을 내놓았는데) 自分の味方にならんといってね(자기
편이 안 되어준다면서), 내가 뭐할라고 돈 줬는지 모르겠다고. 그 돈, 찬
느그로와서(제대로 다 맞춰서) 돌라고, 난 이 집을 나가겠다고. 이 지
랄 하고 싸운다고, 막….

▷ 할머니들이 그렇게 사무실에 돈을 드리는 적도 있었군요. 저는 몰
랐어요.

[중략: 다른 할머니 성격에 대해]
그 사람들은 고향이 이북 함경도 사람들이라서. 함경도 사람이 여기
서이(셋) 있고 평양 사람이 둘 있는데, 하나는 작년에 밥맛을 잊어서
(잃어) 입원해가지고 깡구(?)로 코에 여(넣어)가지고 하다가 두 달 만
에…. ○○○이라고. 죽었어요. 그 사람도 고향이 평양이고, 또 평양 할
매가 또 하나 있고. 서이(세 명)는 함경도 사람이고.

▷ 할머니처럼 경상도 할머니 또 안 계세요?

경상도 사람은 나하고 ○○○이. 그런데 그것도 辰年で(용띠라서) 거세
다고. 아이고….

[중략: 아프리카 아이들 방송을 둘러싼 이야기 반복]

▷ 할머니처럼 일본어 잘하시는 분 또 안 계세요?

없어, 없어.

▷ 할머니만큼 배우시질 못 하셔서 그런가 보다.

아니, 일어가 안 되지. 뭐든지 잘하면, 노래를 잘하든지 하면, 손님한
테 譽められたら(칭찬받으면) 막 싫어하는데. 지가 몰라노니까네(놓으니
까). 아이고, 뭐 넌 그 나라에서 살았으니까… 하겠다, 하는, 그걸 모르
고, 뭐든지 알면, 뭐든지 지그보담(자기보다) 더 알면 그걸 메자와리에
되어(눈엣가시로 여기고) 막 싫어가지고 踏んだり蹴ったり(막 뭉개고 짓
밟는다고), 말하자면.

▷ 할머니가 너무 인기가 있으셔서 그런가 보네요. 사람들이 할머니
얘기 잘 듣고 노래도 좋아하고 그러니까 할머니들이 조금 질투를 하
시나 봐요.

[중략: 할머니들 사이의 갈등 이야기]

운명

아이고, 여러 가지로, 여기, 全然(전연) わけがわからない(뭐 하는 건지 모르겠어). 사람이, 뭐 [불명]는 데야. 그렇다고 해가지고 뭐 어디 학교 나온 사람들이 있나, 암(아무)것도 모르고…. 지그들 말로는 2학년 댕기다가 어쩌고저쩌고… 하는데, 일본 사람이 여기 가면 딸이 있다, 누구 집 가면 딸이 있다, 누구 집 가면 딸이 있다…, 그 사람들이 우째(어떻게) 그걸 다 알아. 그게 이상하잖아. 일본 사람들한테 잡혀갔다, 이러는데, 밭에 있는데 잡혀갔다….[3]

▷아, 어느 집에 누구 딸이 있는지, 마을 사람들이 아니면 어떻게 아냐는 얘기시죠?

그 사람들이 어찌 알아서 그렇게 했냐 카는 이야기지, 結論的に(결론적으로) 얘기할라믄…. 거, 이상하잖아.

▷ 할머니는 할머니 얘기를 누구한테 하신 적이 없으세요? 처음엔 있으시죠?

아니, 전혀 없어, 한 적이 없어.

▷ 맨 처음에 나오실 때는 누군가한테 안 하셨어요?

---

3) 배 할머니는 초등교육을 5학년까지 받았다고 했다. 자신의 이력을 설명하면서 한자로 써서 보여주었는데, 상당히 달필이었다.

아니, 그걸 누구한테 말해.

▷ 아니면 듣고 싶다고 누가 찾아오거나 하지 않았어요?

그런 것도 없고…. 날 보고 자꾸 절에 가라, 절에 가야 된다, 네 사주
팔자는 절에 가야 된다, 자꾸 이카고 그러니까…. 그래가지고 어디 가
면 이라지. 할매한테, 나이 든, 여든네 살이나 잡순 할매가 언제 돌아
가실란지도 모르겠는데 항상 이러고 있겠나 카고. 동네 사람들이 그
(런) 말 하지. 어디 가서 일할 데 있으면 거 하지, 밤낮 이카고…, 할매
나이 많으신데 언제 돌아가실란지도 모르겠는데 우쩔라 카는… 그런
말 많이 듣(들었)잖아. 그리고 내 사주팔자가 이리 되는 것보담도, 幼い
ときからお寺に(어릴 때부터 절에) 가야 되는 기라, お寺(절)에. 그때는 그
걸 몰랐지. 내가 나와가지고….

　할매는, 본인(나)한테는 말을 안 해도 두부집 할매한테 가서 얘기
했는 모양이라. 그러니까 두부집 할매가 가끔 가다 그런 얘길 하니까,
이상하다, 이상하다…, 사람이 지 맘대로 사는 기 아이고, 뭐 어째야
되는가, 이상하게도 생각하지. 부모한테 같이 있어야 되는데 왜 저런
얘기를 하는가…. 그땐 나이가 어리니까 判斷이 안되는 거지). 나이가 어리니까 뭘 알아, 세상을. 아무것도 모르지.
그렇지마는… 그치만.[4]

---

[4] 　내가 말한 "할머니 얘기"란 위안부에 대한 생각이었는데, 배 할머니는 자신의 '어
렸을 적 이야기'로 생각한 것 같다. 처음 만났을 때 들은 바에 따르면, 배 할머니는
부모를 일찍 여의고 할머니 밑에서 자랐다. 이 부분은 손녀가 성장하자 여명이 얼
마 남지 않은 (소녀 배춘희의) 할머니가 손녀에게 절로 가라고 하면서 원래 사주가
그런 사주라고 말했다는 것으로 해석된다. 아마도 소녀 배춘희의 할머니는 동네 사
람들(두부집 할매 등)에게도 손녀 이야기를 했고, 그 이야기를 들은 동네 사람들이 소
녀 배춘희에게 어디 일자리를 찾아서야 하지 않겠느냐는 이야기를 한 듯하다. 아
직 어린 소녀는 자신을 절로 보내려는 할머니의 말을 그저 "부모한테 같이 있어야

고려, 이조 때부터 스님들이 전부 박대를 받고, 호적등본도 없고. 갈 데 없으면 절로 가지, 이 소리를 왜 했는가 카면, 고려 때부터, 이조 500년 그 시절부터 스님들이 탁발해가지고 ところどころ(이곳저곳) 다니면서 동냥해가지고 밥 먹고 살았잖아. 그러니까는 戸籍もないわけやん(호적도 없는 거지), 호적등본도 없고. 人間の扱いもしなかったわけやん(사람 취급도 못 받은 거지). 저 이조 500년, 오늘날까지. 지금은 내가 물어보니까 월급 탄다케(고 해), 스님들도. 이제는 스님들 세상에 꽃이 피었잖아. 꽃이 피었는데, 옛날 역사를 들어보면…. 올데갈데없으면 절로 가지, 이 말을 왜 했느냐 카면, 올데갈데없으면 어디 갈 끼가, 절로 가지. 절에(서)는 밥값도 안 받고. 절에 가 있으면 스님 되어가지고 부처님만 모시면 되잖아. 그래서 올데갈데없으면 절로 가라 카지만, 또 그런 運命로(운명이어서), 이무리 金持ちであろうが金ないものだろうが(돈이 아무리 많든 적든) 그런 兄弟の中でも、仏様と縁がある(형제 중에도 부처님과 인연이 있는) 그런 자식들을 놓(낳)고 그런 딸도 놓고 그러니까는, 그렇게 고운 딸이라도 운명이 그런 거면 할 수 없지. 절로 가야 되지. 지가 시집을 가도 안 되고, 두 번 시집가도 그건 안 되는 기라.

귀국

▷ 할머니, 일본에 계시다가 나오셨다 그랬잖아요. 그러면 이렇게 위안부 할머니들을 찾고 있다는 걸 알게 된 건…, 일본에서 아셨어요?

―――――――――――――

되는데 왜 저런 얘기를 하는가"라고 이상하게 여겼지만, 결국 친구와 함께 직업소개소를 찾아가게 된다. 배춘희 할머니는 "(내 사주팔자가) 이리 되는 것"(위안부)이 아니라 스님이 되는 것이었다는 생각을 줄곧 이야기했다.

아니, 아니, 여기 한국 와가지고.

▷ 한국에 오신 다음에? 그럼 어떻게 나오셨어요? 왜 나오셨어요? 일본에 오래 사셨는데.

戰爭が、大東亜戰爭が(전쟁이, 대동아전쟁이), 1941年부터 45年까지(1941년부터 45년까지) 전쟁을 치렀거든. 戰爭があったわけやん(전쟁이 있었다고). 그러니까, 그 시절이니까. 결국은 내가 여기서 중국에서 해방을 당하고, 나중에는 1950年(년)에 南北戰爭(남북전쟁: 6·25 전쟁)이 붙었잖아. 붙어가지고 이북도 못 가고 이남도 못 가고 어떻게도 안 되니까(어떻게도 해볼 방도가 없어서) 어찌어찌 해가지고 일본에 들어갔다 했잖아.

그래서 일본에 들어가가지고 月が流れて、56歳のとき、偶然に(세월이 흘러, 쉰여섯에, 우연히), 몸이 아파가지고, 거, 볼 줄 아는 사람, 運命(운명)을 점치는 사람, 길 가다가 벤치에서 만나가지고, 그 사람이, あなたは入院してもだめだし、薬使ってもだめだし(당신은 입원해도 안 되고, 약을 써도 안 되니), 이것도, 그래가지고, 一口で言えば、日本を、ここの海を離れなさい(한마디로 말하자면 일본을, 이 바다를 떠나) 카거든. 여기서 안 떠나면 안 좋은 일이 생기니까 떠나라, 이카니까(이렇게 말하니까). なんであういうこと言うんだろうと思って(왜 저런 소리를 하나 하면서), 그래가지고 그 사람 말하는 거를 한 귀로 듣고 집에 와가지고….

그 이튿날인가 그 다음날인가 밤에, 夢に(꿈에), 결국은 우리 방에서 入り口に(입구에)… そういうところに靈柩車(그런 곳에 영구차) 있잖아, 사람 죽으면 태우는 靈柩車(영구차), 꿈에 인자 靈柩車が(영구차가) 내 곁에 와가지고…. 後ろ向けば靈柩車がないわけや(뒤를 돌아보면 영구차가 없는 거야). 자꾸 霊柩車가 夢에 見えるから (꿈에 영구차가 보여서), 보살님이 하는 소리가, 薬使ってもだめだし入院してもその病気は治らないから、結局今年中に海を離れなさい (약을 써도 낫지 않고 입원해도 그 병은 낫지 않으니 금년 안에 바다를 떠나라) 캤거든. 할매도 없고 다 돌아가시고 없는데 내가 한국에 가면 뭐할 끼라, 여기 있으면 좋겠다, 이리 싶었는데, 바다를 뜨라 캤잖아. 그러니까 결국은 일본말도 모르는 조카를 불러가지고 일본에 와가지고 결국은 여기서 나갔지.

▷ 그때까지만 해도 위안부 할머니들 찾고 그러는 거 모르셨던 거죠?

거는 それの後後々々 (그건 아주 나중나중나중나중)…. 십몇 년간 있다가 そういううわさが出て (그런 소문을 듣고)…

▷ 네, 할머니, 몇 년도에 귀국하셨어요, 할머니?

나는 고향의 소식은, 일본에서 인제 카아스(?)하고 있다… 이런 편지, 편지 내용 읽으니까는, 일본에서 온 줄만 알지 중국에서 일본으로 건너가가지고 나 어떡하고 있는지 그건 모르거든. 집에서 그걸 알믄 안 되니까. 결국 내가 저것도 手紙で (편지로) 일본에 있었는데 뭐… (하면서) 手紙 (편지)로 이렇게 했지만, 그때는 또 편지해봤자 받을 사람도 없고 하니까. 나중엔 인제 그 사람 말 듣고 夢도 悪이시, 霊柩車 (꿈도 나쁜 꿈을 꾸고, 영구차) 그게 자꾸 꿈에 보이니까 ひょっとしたら、ひょっとするんじゃないか (혹시 무슨 일이 일어나는 거 아닌가) 해가지고, 아의 時代에 (그 시대에), 박정희 그 사람이 할 때는 대가리 두쪽난 놈도 일본에 가고 나오고 못하고… 못할 때라. 難しい時や (어려울 때야). 그래가지고

병원에서 동생을 만나가지고, 永住權(영주권), 일본에서 영원히 사는
그, 永住權(영주권)을 그걸 飛行場で(비행장에서) 그걸 바치고(반환하고)
일본을 떠날 때, 고향에 가봤자 아무도 없는데, 내가 우째서 이런 운
명이 됐는가, 하는 그런 마음이 들더라고.

그래가지고 고향에 다시 또 와가지고, 사촌형제간도 아홉이 있었
는데 다 죽고 한 애 남아 있더라고. 거하고(그리고) 배다른 동생 하나
가 전에 있었는데, [불명]하고 난 뒤에, 배다른 동생이 하나 생겼던 모
양이지. 옛날옛날에. 그래가지고, 이걸 小說(소설) 아이라 뭐라도 적을
라 하면, 참 아닌 게 아니라….

▷ 한꺼번에 얘기 못 하시죠. 할머니 일생을 어떻게 하루에 얘기하시
겠어요.

79년인가 오니까 5·18 사건 있잖아, 翌年(다음해). 그때는 통행금지,
밤 12시 이후로 댕기지도 못해가꼬 내가 나와가지고…. 그 이듬해, 통
행 합의되고. 그리고 광주 5·18 사건이 일어났잖아.

▷ 아, 그럼, 79년에 오셨나 보다. 그럼, 그다음에 어디서 사셨어요?

어디서 살긴. [쭉 서울에 사셨어요?] 아이(니), 아이(니), 촌에, 저, 저, 대구
곁에 왜관.

▷ 왜관에 계셨군요. 왜관에 계시다가 서울엔 언제 오셨어요?

아이고, 한 십몇 년 있다가… 92年度(년도) 김학순이가 거 하대. 거 할

때, 내가 그때는 배다른 남동생도 있고, 근데 이걸 알믄 안 되는데…, 그걸 막 내가 모른 체하고 있었제. 그 후에 일본하고 싸워가지고 일본이 그렇다, 안 그렇다 카믄서 싸워가지고. 나중에 김영삼이 있잖아, 김대중 전에 했던 김영삼이. 김영삼 대통령 때 김영삼이 테레비에서 하는 소리가, 과거에 중국에 위안부로 있었던 과거를 가지고 있는 사람은 過去を(과거를), 그걸 써가지고, 어디 있었고 뭐 이랬단 걸 써가지고 (신고)하라 카믄서.

▷아, TV에서 보셨군요.

아유, 나는 거짓말 안 해요.

▷알아요, 할머니. TV에서 보셨군요? TV에서 보시고 구청에 신고하신 거네요.

나중엔 김영삼이 그분이, 거기 있었던 사람은 일체 전부 그거 써가지고 바치라고, 그런 경험 있는 사람은 바치라 카더라고. 正直に(솔직하게), 난 일본 사람한테 붙들려 가가지고 한 게 아니라 대구 가가지고 人事紹介所(인사소개소) 거기… [네, 지난번에 말씀해주셨죠] 그런 얘기 했는 기(한 것이)….

침묵

▷그러면, 그렇게 얘기하셨을 때, 그때나 그 이후에도 연구자나 지원

단체에서 할머니 얘길 길게 듣고 싶어했던 사람은 없었어요?

그때는 안 오고. 위안부 집 지어가지고 민(면)사무소, 군청, 그런 데서 찌라시, 광고, 광고해가지고 여기에 수원서 어디로 어디로 해가지고 들어오만(면) 된다 카는, 그 도로, 도로에 あれを みんな 書いて(그걸 전부 써서) 찌라시 뿌렸으니까 그걸 보고 왔는(온) 기지.

▷ 제가 궁금했던 게, 왜 할머니 이야기를 듣는 사람이 없었나… 하는 거였어요. 다른 할머니 얘기들은 다 책으로 되어서 나와 있거든요. 그런데 왜 할머니 얘기는 들으려던 사람이 없었나 싶어서요.

아니, 여기도 대강대강은 하지만, 그 사람들이 뭐 써놓은 거 보면, 아이고, 어디까지가 どこまで(어디까지) 뭔지 どこまで(어디까지) 뭔지, 모르잖아요. 그렇지마는 小説(소설) 쓰는 사람들이야 잘 쓰짆(겠)지.

▷ 다른 할머니 이야기를 할머니가 듣거나 보거나 하신 적 있으세요?

여기 이 집에 오만(면) 이름 얹혀 있는 거, 뭐 하는 거. 거기에서 안 봐주만, 여기 저 보사부(보건복지부) 가서 난 언제든지 말할 수가 있지.

▷ 네에, 할머니 이야기가 굉장히 흥미로운데, 왜 다른 사람들은 그 얘기를 안 들었나 싶어서 그래요. 할머니가 얘기하기 싫었던 거예요?

딴 사람은 여기, わけ わかんない(뭘 잘 모르고) 세상 돌아가는 것도 모르고, 아(애)나 키우고, 깜깜한 인간들한테 뭐 그런 얘길 해봤자 뭐해, 相

手(상대)도 안 되는데.

▷아니, 다른 할머니말고 다른 연구자나 지원단체…, 도와주러 오는 사람들이요.

연구자들은 오만(면), 또 나한테 특별히 와서 묻는 사람은 없지마는. 여기 윗사람(?), 또 그리고 여기 다시 오는 할매들도, 와가지고 노망든 할매들도 있고, 아파 누운 할매들도 있고, 뭘 조금 알다가 말다가 하는 머리가 좀 치매끼가 있는 이런 할머니들도 있고, 조금 안다 카는 젊은 아들(사람들)한테는 뭐, 왜건고(뭣이고) 지랄이고 말도 하기가 싫어. 왜냐면 全然(완전히), 지그들(저희들) 저거… 막 또 엉터리… 또 勝手に(멋대로) 지그(자기) 얘기를 하는데, 내가 뭐, 니 그걸 뭐, 역사를 알아야지, 니 그걸 알아야지 할 것도 없고, 전부 아(애) 낳아 아 키우고. 보면 장남, 장녀들이 전부 오십 넘었지. 그런 사람 보면 뭐, 흐리멍덩하게 말할 때도 있고 뭐….

군대한테 붙들려갔다 해놓고. 또 나중에 보면 뭐, 군인이 막 뭐 열세 살 먹은 앨 죽였다 안 죽였다… 뭐, 난 뭐, 내가 안 들은 얘긴 들을 필요도 없고. 뭐든지 이건 確かだ(분명하다) 카는 그런 얘기 같으면 몰라, 그런 얘기 같으면 耳に殘すか知らんけど(말할지 몰라도), 얘기 들으면, しっぽ(꼬리)고 頭(머리)고… 이기(이게) 말이 안 되는데 싶으만(면), 난 말 안 한다고.

▷아, 그래서 말씀 안 하셨군요. 다른 할머님들 얘기가 할머니 얘기하고 좀 다른 것 같아요.

아, 뭐, 그 사람들도 개인으로는 말 안 하지. 딴 사람들이 오만(면) 거기엔 뭔 말 하는가 몰라도, 할매들, [불명] 뭐 그런 것도 잘 안 씨부린다고.

▷ 그러셨군요. 할머니, 고마워요, 저한테는 이런저런 얘기 많이 해주셔서.

거긴 뭐, 偶然に(우연히) 일본말도 알고, 내가 할라고 카는 기 아이라 偶然に(우연히)… 참 이래 말하고 싶다 카는… 그게 그렇게….

▷ 그러게요. 할머니, 그날도 우연히 테이블에 앉았는데 할머님이 이런저런 얘기 많이 해주셔서 정말 놀랍고 기쁘고 그랬어요.

일본 · 가치관

내가 일본하고 親戚도 아니니(친척도 아니고), 일본이 뭐 特別な(특별한) 뭐, 날 따라와가지고 이리 해주고 저리 해주고 한 것도 없고, 난 우스키 그 양반한테 돈 받은 일도 없고. 그래 난 정당하니, 난 그야말로 부처님을 믿어서 그런지, 정정당당하게, 지 속만 알고 있지. 여기 있는 사람은 가끔 물어보면 몰라서, 직접은 안 들었지만 보고 뭐, ○○○은 뭐, 말하면 막 전부 몇(몇) 살 묵(먹)은 것도 죽였다 몇(몇) 살 묵(먹)은 것도 죽였다, 뭐….

　죽여도 소문은 언제든지 그 후에, 뭐 몇 달 후에라도 소문나는데, 어느 곳에서 무슨 일이 있었다 카더라 하고 소문나는데, 나는 뭐 소문들은 일이 없는데, 뭐. 내가 만들어가지고 해야 돼, 뭐 어째.

　사람은, 전부 短い命(짧은 인생) 아이가, 사람들이 산다 캐도. 잠깐 이 세상에 왔다가 잠깐[불명]… 가야 될 사람들인데 뭐할라고 거짓말을 하고 없는 말을 맨(만)들고 뭐 하고. 그런 일 절대로 없다고.

▷ 네, 사실은 저도 그런 부분들이 그렇다 싶어서요. 그런데 그런 부분을 얘기하기가 쉬운 게 아니잖아요. 그런데 그런 부분이 더 해결을 어렵게 하고 그래서 저도 관심을 갖고 있는 건데요.

그래서 뭐, 내 얘기하는 게 あやしいあやしいわけ(수상해? 수상한가?)

▷ 아뇨. 그게 아니라, 할머니 얘긴 제가 100% 다 믿어요. 할머니 얘기가 진실이라고 생각하고, 어찌 보면 제가 생각해온 걸 할머니가 그대로 얘기를 해주고 계시는 거라, 감사드리고 싶은 마음도 있고요.

[중략: 다른 할머니들 이야기]

아이고, 우리야 뭐 밤중에 자다가 죽을란지 한 치 앞을 모르잖아. 부처님 말씀 말마따나 한 치 앞을 모르고 사는데, 지금 이북은 이북대로 야단이 났고, 여기는, 박근혜는 또 만반의 준비를 하라 카고. 지금 何がおきるか(무슨 일이 일어날지), 明日は(내일을) 모르는 인간들. 그런데 이 할마씨들은 앉아서 배상받겠다고 한약 묵고 뭐 묵고 뭐 묵고 뭐 묵고…, 지금 長生き해가지고(오래 살아서) 그 돈 받는다꼬, 그런 욕구를 가지고 있을 때, 내가 참 가만 보만 기가 막히(혀)서, 내가 참….

▷ 어떤 할머니들은 증언하실 때, 일본 사람들은, '일본 수상은 우리

가 죽기만을 기다리고 있다', 이렇게 말씀하시는 분도 있어요.

어, 그따구 사람들이… 그 일본 손님 오만(면) …[불명]하는 게 아니라 '우리 죽었나 안 죽었나 보러 왔나', 막 이카는데(이러는데, 이렇게 하는데) 뭐.

▷ 그러게요. 왜 그렇게 말씀하시는지 모르겠어요.

그러니까 막, 학생들이 나중에 보면 그걸 알고 막 울고 간다고. 아이고, 내가 막, 그러니까 [불명] 할마니들이 막 본 대로 말하고 나온 대로 [불명] 일본 사람한테, 뭐 속이야 어찌 됐는지 말았든지, 오면은 그저 ようこそいらっしゃいました(잘 오셨어요) 카고 인사나 하고, 일본도 참 이런 일 저런 일 고생이 많죠, 카고 빈말이라도 그런 말은 안 하고, '느그들 뭐하러 왔는데? 느그들 뭐하러 왔는데? 여기 뭐 할머니들 다 죽었나 안 죽었나 망보러 왔나?', 일본, 뭐, ○○○이 그카면서 달려든다니까, 손님한테.

▷ 아, 학생들한테도 그렇게 해요?

어어, 그렇게 막 한국말로, 그카고 눈깔을 부릅뜨니까네, 학생들이 이유를 몰라노니까네(모르니까) 울고 있거든.

▷ 그래도 느낌으로 알겠죠. 자기들을 싫어하고 그렇다는 거를….

어, いいこと言わないね(좋은 소리는 아니네) 카는 건 알지.

▷ 참 마음이 여린 아이들이 많은데 왜 그러셨을까….

보상금

왜 그러긴 뭐, 그 사람들 욕구는 뭐… 돈은 뭐, 지금 정부는 130만 원씩 주고 있잖아요. 갚아주고 있잖아요. 그, 할머니들가 죽을 때까지 갚아주고 있는데 그것도 다 무시하고, 김대중 씨 돈 준 것도 다 무시하고, 전부 다 무시하고, 우리끼리 하는 말로. ○○○이도, ○○○이도. 요번에 돈 돌라고 온 것은 재판이 일어나만(면) 일본 돈 20억 달라 캐라고, 이칸다고. 20억 要求(요구)하라고.

▷ 저도 지난번에 들었어요. 지난번에, 옛날에 10년 전에 5000만 원이었으니까 지금 받으면 5억은 받아야 된다, 이렇게 말씀하시던데….

아이다, 그거. 20억을, 넉 달 전엔가 회의를 했거든. 내가 아플 때, 내가 병원에서 나와서 아플 때 날 보고 와가지고 한단 소리가, '너도 20억 돌라 캐라' 그래. 나는 訳がわからんから(뭔 소린지 모르니까), 뭘 20억 돌라카노, 카니까네, '왜놈들한테 보상재판 할 때 하나 앞에 20억 돌라고 그리 말해, 니도 그리 대답해야 돼', 그리 말을 하더라고, 아이고(한숨).

▷ 저, 할머니, 그 서류 봤어요. 뭔지 아세요? 무슨 내용인지? 제가 처음 갔을 때, 김 국장인가? 사무국장? 그 사람이 저한테 그 서류를 보여줬는데….

거(그사람)도 나보고 20억 돌라 하라 카더라고.

▷ 할머니 말씀하시는 거 들으니까 그게 그거 같은데요, 저한테 설명하기로는, 지금 현 상태로는 해결이 안 되니까 재판을 다시 하는데, 그 재판 내용이, 일본을 이기자고 하는 내용이 아니라 합의를 이끌어내는 재판이다, 조정을 하는 재판이다, 그렇게 하기로 했다고 얘기를 했거든요. 그런데 거기에 할머니 열 분 정도 이름 다 있고 다 동의한 것처럼 돼 있더라고요.

어, 나는 아파서 병원에서 나와서 드러누워 있는데, 자기들이 회의하더라고, 회의하고 나오는데 김 양도 나한테 와가지고, '저, 20억…' 막 그래서 난 깜짝 놀랐어. 그게, 20억이 무슨 소리냐고.

▷ 아, 김 국장도 20억이라고 얘기했어요?

뭐, 전부 뭐 그케(그렇게) 했겠지. 그리고 最後へ(마지막에) 가다가 우리 방에 들어와가지고, "할매, 돈 받을 때 20억 돌라고, 할매도 그래야 돼. 내가 이름 적어놓을게." 이카더라고. 그래서 나는 訳もわからないで(영문을 몰라서) "무슨 20억이라 캐쌓노?" 그러니께네, 나중에 가만 들어보니까, ○○○이가 한 얘기라. ○○○이 20억 돌라고 말하라고 그리 시켜가지고, 20억 돌라고. 그래가지고 裁判(재판) 하나 뭐 하는데, 전부 그리 要求(요구)한다고 함서 이름을 다 적어놓은 모양이야, 나중에 알고 보니까네.

▷ 네, 할머니, 그게 한 사람당 20억인가요? 전부 다 해서 20억이 아

니고?

아니고. 한 사람, 한 사람. 그러니께 내가 뫼레서(기가 막혀서), 나중에 알고, 아이고 20억이라, 2억도 아니고. 그 사람들도 그 사람들인데 우째 20억을 돌라 카노, 내가 속으로 그카고, 속으로, 가만있었다고.

▷ 그건 가능한 일이 아닐 텐데요. 그거 혹시 김 국장이나 안 소장이 말한 금액은 아니고요? 할머님들이 생각한 금액일까요?

아니, 저 ○○○이.

▷ 아, 그건…. 제가, 저도 여러 사람들, 일본 쪽도 만나고 상황을 알기 위해서 많은 사람들을 만나는데요, 그건 가능한 일이 아니에요.

그렇지, 夢でも考えられんことを(꿈에도 생각 못 할 일을) 言うわけや(얘기 하고 있는 거야).

▷ 근데 불가능한 일을 왜 하려고 할까요?

그래서, 내가 아파 둘러눕었거든(드러누웠거든). 병원에서 나와가지고 아파 둘러눕었는데, 나한테 와가지고 "무슨 소리 하거들랑 20억 돌라 캐라이", 이 소릴 하더라고. 나는 "20억이 남 이름인 줄 알고?", "근데 이유가 뭔데?", 이카니까네 삭 가뿔고(가버리고) 없어. 낭중(나중)에 보 니께네, 회담하던 사람들 다 가고 나중에 보니께네, 애써서 말하는 거 보니께네, ○○○이가 그 意見을 出したらしいわ(의견을 낸 것 같더라고).

▷아, 그런 방식으로는 절대로 해결이 안 돼요…

○○○이는 원래 根性이 (성깔이)… 통이 크잖아. 생각이, 考え方가 (생각이) 막 とんでもない (터무니없는) 생각을 하는 사람이거든.

▷얼굴은 참 고우시던데요.

아이고, 全然反対 (완전 반대). 그리고 저, ○○○ 그것도 辰年 (용띠)고 그 것도 용띠거든. 둘 다 날만 새만 (면) "일본의 이놈들 돈 안 주나, 돈 안 주나", 날만 새면 그카고 앉았어. 朝から晩まで (아침부터 저녁까지).

▷할머니는 무슨 띠세요?

나는 ねずみ (쥐띠).

▷아, 쥐띠. 그러시구나. 저는 닭띠예요, 할머니.

아이고, 닭띠도, 그렇게… 없을 텐데.

하고 싶은 일

▷할머니가 건강하실 때 이 문제가 잘 해결됐으면 좋겠지요?

아이고, 난, 내 맘 같으만 (면), 사람, 一度だけ (딱 한 번) 살아가지고 좋은 일 하고 싶어.

▷ 할머니, 저는, 한국에서 일본에 대해 가르치는 사람이잖아요. 근데 지금 한일관계가 너무 나쁘고… 물론 다른 문제도 있지만 지금 제일 큰 문제가 이 문제인데, 이 문제가 일어난 지 20년이 넘었는데, 그동안 할머니가 말씀하신 것처럼 여러 가지 잘못된 정보도 너무 많고….

아이고, 그 사람들 말하는 거, 반은 거짓말했지 뭐.

▷ 그러다 보니 일본이… 일본도 바보가 아닌데, 일본은 그걸 알 거 아니에요. 그러니까 일본 사람들이 거기에 반발하고, 반발하는 일본 사람들한테 또 한국이 반발하고, 이러면서 점점 관계가 나빠진 거예요. 그래서 저는 이 문제를 정말로 풀어야겠다고 생각을 하고 있고, 그런 의미에서 할머니 같은 분이 너무 소중해요. 너무 멀지 않은 때… 금년은 다 끝났지만, 내년에는 잘 해결을 해서… 이제 2015년이면 해방된 지 70년이잖아요, 그래서 70년을 지금보다는 좋게 맞았으면 좋겠다고 생각하고 있어요. 그래서 할머니가 해주신 말씀이 너무 소중하고, 언젠가는 이런 게 다 남아야 한다고 생각을 하는데, 이런 얘기를 갑자기 사람들이 알게 되면 또 일본 사람들이 얼마나 욕하겠어요.

아니, 일본 사람들도, 젊은 사람들은 過去をわからん(과거를 몰라), 과거를 모른다고. 일본 사람들은 전부 그래가꼬(그래가지고), 아베를 뭐 돈 안 주고 어떻다, 어떻다… 젊은 사람들은 과거를 모르거든. 전에 그랬던 그거를 몰라노니까네 엉뚱한 소리 하거든. 그래서 나도 여기 가끔 일본인들이 와가지고 한 스무날 있다 가고… 뭐 이리 와가지고 ボ

ランティア(봉사)로 왔다가 가는데, 나는 말도 안 해. 뭐, 너희 같은, 과거도 모르는 애들한테 얘기해봤자, 내 입만 아프니까. しゃべらん(말 안 해). 一切合切(일체) 말 안 하거든. 그저 뭐 돈 안 주냐, 이 소리를 안 하고. 아베 또 그놈이 되어가지고 지그들은 아베가 싫다는 둥 만다는 둥… 젊은 사람들은 過去をわからんし過去を全然(과거를 모르고 과거를 전혀) 알지도 못하고, 정부, 아베를… 혹은 뭐 돈 안 줄려고 저러는 갑다 카고 反対에(반대로) 듣고 있거든, 지금도. 그러니깐 보기도 답답해, 내가. 일본 쳐다보기도 답답하고.

▷ 그런데 또 그 친구들은 나름대로, 잘 몰라서 그러는 부분은 있지만, 이 문제를 잘 해결하려고 하는 거고. 일본으로서 한국한테 미안하다는 마음을 갖고 있는 거니까요.

아유, 미안해도, 実際をいわんと(사실을 말해야지). 내가 안 그래요. 이 世ではとおるけど, あの世が(이세상에선 통해도 저세상이) 없는 것 같으면 하지마는 あの世へ(저세상에) 가가지고 그런….

▷ 할머니하고 저하고 같이 이런 문제를 아마 잘 해결할 수 있을 거구요, あの世(저세상)까지 안 기다리셔도 돼요, 할머니. 제가 지금 어떤 방식이 제일 좋은지, 제가 할머님 진심을, 좋은 방식으로, 저말고도 필요한 사람들이 잘 알게 해서 해결될 수 있도록 제가 노력할게요.

아니. 그래서 누구 말마따나 돈 줘서 싫어하는 사람이 어디 있어. 그래도 사람은 真実(진실)로, 真実(진실)로 살아야지. 김학순이를 가만히 자다가 생각하거든. 김학순이가 今になって(지금 와서), 63년… 70년

다 돼가는데, 今になって(이제 와서) 왜 이런, 전에 조선 사람하고 일본 사람하고 중국 사람하고 인자, 그 사람들이 일본 사람한테 反感(반감) 이 있지마는 いまだに(여지껏), 이런 문제가 나가지고, 우째 이렇게 시 끄럽게 하는가…. 대가리 쓰는 것도 인자 あたまいたいし(머리 아프고). 그 왜 거기에 나타나가지고. 그 돈 1전도 못 받아보고 죽었잖아요. 그 러니까 왜 이런 問題를(문제를) 이래 해가지고. 그 사람을 世界から(세 상으로부터) 追い出されるように(쫓아내듯이) 해뿐다 카고, 뭐 이런 소릴 자꾸 우리 듣는데 하거든, 딴 사람들도.

　이리하고 지그(자기들) 얘기 들어보만, 어디부터 어디까지 實際(어디부 터 어디까지가 사실)인지, 어디서 어디까지 뭔… 지는 이런 얘길 하고 있 지. 가만히 들어보면 말이 안 되고. 사람이 이렇게 했다고. 나도 돈 받 아먹을라 칸다고 欲を出して(욕심 부려) 한국 편을 들 수도 없고. 난 또 거짓말하는 걸 싫어하고. 있는 대로.

▷ 하지만 진실을 말하는 게 가장 좋은 거고, 그게 가장 좋은 길이잖 아요.

그러니까 다른 사람은, 지금은 實際를(진실을) 신용을 안 하고, 사기 짓 을 하는 사람을 신용하고 이러는 세상이니까는…. 사기꾼 말은 솔솔 솔솔 알아들으면서, 실제를 말하는 사람 얘기는 안 들어주거든.

▷ 오랜 시간 동안 많은 사람이 그쪽이 진실이라고 믿었기 때문이에 요. 근데 저도 몇 년 전부터 이 문제가 좀 이상하다고 생각을 했고, 그 래서 관심 갖고 책도 쓰고 그런 건데…. 지금부터라도 다시 잘 할 수 있을 거예요. 제가 방법을 여러 가지 생각을 하고 있어요. 할머니는

가끔 저한테 얘기를 들려주시고 그러면 될 것 같고요.

그래도 어떨 땐 전화 걸면 손님도 오시고 바쁜데 내가 이런 얘기하면 安眠妨害として(안면방해한다고) 속으로 욕하는 거 아닌가 싶어서 그런 걱정도 하고….

▷아유, 할머니. 그런 걱정 하나도 하실 필요가 없고요, 저는 지금, 대학에서 가르치는 사람이라 일이 많기는 하지만요, 위안부 문제를 해결하는 게 지금 제가 생각하는 일 중 제일 중요한 일이고, 다른 것보다 할머니가 이렇게 저한테 얘기해주시는 게 너무 고맙고 감사하고 그래요. 그러니까 할머니는 필요하실 때 언제든 전화해주세요. 그리고 할머니가 다른 가족 없으시고, 저라도 괜찮아서 제가 얘기 상대가 될 수 있다면, 저는 언제든지 정말 얼마든지 괜찮으니까 전화 주세요.

지금 세상은, 진실을 가짜라 하고, 사기치고, 범인, 요괴, 도둑, 이런 사람 말은 진정으로 듣고, 정말로 진정으로 말하는 사람 말은 안 듣고, 이래놓으니까 世の中が(세상이) 우는 사람은 울 수밖에 없는 거고, 웃고 있는 사람은 사기해먹는 놈은 좋다고 웃고. 일본 사람들도 얼마나 속으로 괘씸해요.

▷그러게요. 참 답답하지만, 그래도 최근 1, 2년 사이에, 상황이 조금씩 조금씩 바뀌고 있거든요. 그렇기 때문에, 아직은 미묘하지만 잘 될 수 있을 거라고 생각하고 있고요, 예를 들면 저도 다른 연구자와는 좀 다른 얘기를 했지만, 옛날 같았으면 지금 할머니 말씀하시는 것처럼 비난을 하거나 안 듣거나 그랬을 텐데, 최근에는 제가 하는 얘기를 들

어주려는 사람들이 좀 있어요. 그래서 제가 지금 힘을 얻고 있고… 그러던 터에 할머니를 만난 거거든요.

그런데 제가 지난번에 '나눔의 집' 갔을 때 안 소장이나 김 양 같은 사람들은, 제가 좀 다른 얘기를 하니까, '나눔의 집'에서 하던 얘기들이랑은 다르니까, 좀 경계를 하더라고요. 그래서 할머니를 못 만나게 하려고까지 해서 제가 지금 조심조심 가는 거예요. 갑자기 저보고 오지 말라거나, 할머니 못 만나게 한다거나 하면 곤란하잖아요.

참 이상해요. 할머니들이 제일 중요한데. 할머니들 의사대로 만나고 싶은 사람 만나고 하고 싶은 말씀 하실 수 있어야 하는데, 제가 지난번에 '나눔의 집' 가보니까 좀 이상하다 싶더라고요.

기부금

그리고 밤낮 기부금, 기부금, 돈. 손님 기부금들을 해가지고, 전에도 돈 몇(?)억 들어왔는 거 뒤에 또 집을 방 여덟 칸인가 아홉 칸 여(넣어)가지고 집을 짓고, 또 모금 돌라고 써붙여놓고, 또 온 데다(온갖 곳에) 광고 옇고(넣고), 저번에는 분당에 시청 빌려가지고 손님 오라고, 좋은 色んな芸人が来るから(연예인들이 여럿 오니까) 오라고 인자 해놓고, 거기서 (손님들이) 오만(면) 또 모금 얘기하라고. 그래서 가니까, 그날은 중학생만 서른 명 왔지, 아무도 안 왔더라고. ○○○이하고 내(나)하고 인제 그날 합석했지. 딴 할매들은 아프다 카고 안 가고 뭐하다고 안 가고, 둘이 인제 할 수 없이 학교로 차에 실려 갔거든. 실려 가니깐 그 극장 앞에서, 극장 앞에 가니까, 세 시 네 시까지, 끝날 때꺼정, 손님 아무도 안 오고 중학생만 서른 명 왔더라고.

▷ 무슨 집을 짓는다는 거예요? 기념관도 훌륭한데.

기념관 저쪽에 野原(들판) 있잖아. 차 쪽, '나눔의 집' 들어오는 데. 그 땅을 작년에 2억 8000만에 샀거든. 남의 밭인데. 밭이야. 그걸 사가지고, 그걸 기부금 한 1억은 더 할라고(모으려고) 고생을 하고 있거든. 어제아레, 충청도 무슨 회산가, 삼성도 아니고 무슨 회산데, 거기서 20명이 와가지고 자기들끼리 돈 모은 모양이라, 가만 보니까. 140만 원 가져왔어. [기부했군요.] 어, 그 사람은 거 보면 노래자랑에 보면 70만 원, 100만 원… 그런 건데, 까만 건데, 140만 원이라고 쓰여 있어. 회사에서 청년들이 모아가지고 가져오고, 또 어제는 어디더라, 그 동네 이름이…. 그 동네에서 여자들이 여섯 명이 왔는데, 아, 강원도, 강원도 속초에서 왔대. 처음 왔습니까, 카니까 그렇다 캐. 역사가 20년이 다 돼가는데 왜 인자 왔어요, 내가 이카니깐, 그것도 특수한 의미에서 왔다고. 못 올 낀데 왔다 캐. 특수한 의미가 뭐냐 카니까네, 기부금 가지고 왔다고 갖다주고 가고.

▷ 그게, 그 사람들은 다 할머님들 위해서 쓰는 거라고 생각하는데….

내 생각으로, 아이고, 할매들 얼굴 팔고 전부 지그(자기들) 집 짓고, 밤낮 지그(자기들) 단도리(챙기기)만 하고, 할매들 다 죽고 나면 이제 우쨜(어쩔) 작정인지. 이제 난 속을 모르겠다 카고, 속으로 그리 생각을 하고 있지.

▷ 그게 그럼 기념관도 아니고 사무실, 집을 짓는 거예요?

몰라, 나도. 사무실을 짓는지, 거기다가 방을 더 몇 개 열(넣을)라고 하는 건지. 그러니까 한 3억 필요한 모양이지, 3억.

▷ 할머니 방 춥다 그러셨는데, 그런 거나 좀 따뜻하게 해줬으면 좋겠는데….

말하자면 내 돈으로 해가지고, 커텐(커튼) 만들든지 뭐 하든지 내 돈 내라 카면서, 그 간호부(간호사, 이하 같음) 여자 하나 있잖아, 키 쪼매나고 할매들 돌보고 있는 간호부가, "할머니들 돈으로 커튼 만드세요!" 이카더라고. 그래서 내가 속으로, 그래 뭐 우리도 돈 나오는 거 알고 있으니까 그 돈으로 사라, 이 소린데….

▷ 아, 그래도 그건 아닌 거 같은데요, 기부하는 사람들은 그게 다 할머님들을 위해서 쓰이는 걸로 알고 있을 텐데….

여기 밥하는 사람, 일하는 사람, 사무실 사람, 전부 한패다 한패. 아이고. 一切合切(전부 모조리) 西も東も(서쪽이고 동쪽이고) 전부, 目を光らせ ているわけや(눈을 희번덕거리고 있다고). 손님들이 봉투지 가져오만(면) 할매들한테 봉투지 받아가지고 사무실 사람들한테 줘야 돼. 이거 맛 있는 거 사먹으라 카면서 어떨 땐 주거든. 주만(면), 그걸, 딱, 받는 걸 딱 지키고 서 있다고.

▷ 참 이상하다. 제가 지난번에 가서 느낀 건, 거기 있는 사람들이 우리를 환영하지 않는 거 같고, 할머님하고 얘기하는 걸 옆에서 경계하는 거 같고, 엿듣는 거 같고… 그래서 참 불편하더라고요. 그, 맨 처음

에 식당 갔을 때도 그랬어요.

고독

그리고 여기 보면 할매들 이북에서 와가지고 중국에서, 연변에서 살다 온 할매들은 일본말 모르거든. 내가 일본말 하면, "일본 사람은 다~ 좋은 사람이고, 한국 사람은 다~ 나쁜 사람이라고, 일본말로 그래(그렇게) 하지?", 막 이카는데 뭐, 나한테.

▷ 그렇게까지 말하는 분이 계세요? 할머니들 중에?

어, 딴 얘기 하고 일본에 있었던 얘기, 일본 사람들한테 하고 그러만, 나한테 한다는 소리가, 그 사람들 가고 나만(면) "배춘희 할매는 일본 사람들 다~ 좋은 사람이고 한국 사람들 다~ 나쁜 사람들이라고 그래 얘기했겠지, 뭐.", 이 지랄 하는데 뭐.

▷ 너무 속상하시겠다….

여기는 인간이, [불명]한 사람들은 살 데가 아니라고. 地獄と同じ(지옥이나 다름없어). 말이 통하는 사람도 하나도 없고. ○○○이도 왜놈들한테 이번에 要求(요구)할 때 20억 돌라고, 전부 그러캐라(그렇게 해라)! ○○○이가 더한데 우째.

▷ 제가 능력이 되면 정말 할머님 모시고 나오고 싶네요.

아이고, 막… 지금은, 부동산에 가면 할매들, 내가 팔십인데 칠십이라 카고, 방 하나 그거 할 수 없습니까, 카니까네, 손자나 누구나 같이 있는 사람이 있으면 빌려주지만, 혼자 같으면 언제 자다가 죽을지 언제 뭐 할란지 (모르니까) 칠십 살이 넘으만(면) 안 빌려줍니다, 카고. 고향에 가서도 물어보니까 똑같은 소리 해.

▷ 할머니, 서울에도 그런 아파트, 줄 수 있는 아파트가 있대요?

몰라, 서울도 칠십 넘으면 안 된대요.

▷ 누가 같이 있을 수 있는 사람이 있어도 안 된대요?

같이 있을 수 있을 사람도 없고….

▷ 같이 있을 수 있는 사람은 꼭 가족이라야 한대요?

아무도 없다고. 일가도 없지, 아무도 없다고. 일가 손자나, 조카나, 이런 사람들은 같이 방을 빌려주지만. 그 이상은, 70대는, 언제 죽을란지 모르니까는 保証가 できないというわけ (보증을 할 수가 없다고).

▷ 하, 참 답답하네요. 저도 한번 생각해볼게요, 할머니. 어떤 좋은 방법이 있는지.

나는 당당하지. 이 집 절 안에, 전부 부처님 주변에 신자들 해가지고 1000만 원 또 해놨거든.

▷ 근데 할머니 같은 경우는… 아, 그렇다, 다 기부하셨죠. 할머니는 어디 시설 같은 데도 괜찮을 수도 있었던 거 아니에요?

아니, 아니, 안 된다고. 인자 여기서, 변소 안 가고 방에서 오줌 누는 것도 다 해놓고, 싫어도 어째도 뭐 돈을 받든지 못 받든지 이제 나갈라 하면 一切合切(전부 모조리)…. 또 내가 밀고 댕기는 거 이거, 이것도 전부 차에 태워가지고 가는(가기) 때문에, 딴 데 갈라 해가지고, 손님이 만나자 캐도… 지그 집, 이 집 만드는 데 할매들이 돈 좀 줬으면 좋겠는데, 카고 하지마는, 할매들이 돈 내는 사람이 없잖아, 아무도. 나는 당당하지. 이 집 절 안에, 전부 ほとけさま回りに(부처님 주변에) 신자들 전부 그림 같은 거 해가지고 또 1000만 원 들여가지고 해놨거든. 이 집 안에 그 가에, 거기 부처님이 계시거든. 석가모니 부처님이 한 분이 계시는데, 그 승가에 전부 [불명]한 것도 내가 돈 2000만 원 내가 지고 또 해놓고.

▷ 아우, 할머니, 통도 크시다.

나도 이승에는 일가도 없지, 아무도 없지, 내가 어릴 때부터 절에 갈라 캤는데 안 가고, 오늘날까지 全然反対の道を踏んできたし(완전히 반대 길을 걸어와서). 그러니 죄가 많지, 부처님한테.

▷ 그래도 할머니, 하루라도 매일매일이 조금 더 편안하시면 좋겠는데… 마음이 불편하다시니까, 제가 참 그러네요.

능력

여기 있는 할머니가 그래도 뭐, 2학년 됐는지 4학년 됐는지 모르지만
은, 내가 그래도 ○○○이가 미국에 딸한테 가가지고 한 2년 있었는가,
미국말 해도 인사하는 거하고 동네이름하고… 앉아라, 서라, 짤막짤
막한 미국말은 알고, 일본말 해도 내가 같이 말해보거든. 또 듣는 사
람이 있잖아. 누가 일본말 잘하는지 못 하는지 알잖아. 아는데도 지가
사무실에 가가지고 내가 미국말도 일본말도 지가 제일 잘한다 하면
서 그리(그렇게) 소개를 했던 모양이라. 그래가지고 미국 사람들 오면
얘기해보만(면), 동네이름하고 앉으세요, 뭐 짤막짤막하고 고런 건 영
어로 알아. 근데 일본말은 나한테 못 따라오지 싶은데, 그런데 사무실
에 가가지고 뭘 잘하니 이카니까네, 영어 잘하고 일본어 잘합니다, 이
캤거등(이랬거든). 소장도 일본말 몰라노니까네, 누가 잘하는지 못 하
는지 모르잖아. 몰라노니까네, 손님한테 소개시킬 때도, ○○○이는 영
어도 잘하고 일본말도 잘하고 이러면서 紹介(소개)시키더라고.

▷ 답답하셨겠다….

그럼. 나는 二番目三番目(두 번째, 세 번째)로 제껴놓고. 사람들이 세상이
전부, 이런 세상이니까네 내가 우째 세상을 믿을 수가 있어.

▷ 그래도 할머니, 조금만 기다리세요. 완전히 바로잡지는 못 해도 조
금은 바로잡을 수 있을 거예요.

아휴, 난 뭐, 돈 기다리고… 오늘 죽을지 내일 죽을지 사람이 한 치 앞

을 모르고 사는데, 내가 하이고, 내가 저 배상금을 받아야지 카는 그 마음도 없고. 항상 나는 마음을 비우고 사는 사람이라.

▷ 돈도 돈이지만, 돈보다도 할머니 같은 분도…

体を空にして(몸을 다 비우고), 자꾸 이래 하고, 나이제리아(나이지리아)… 자꾸 저런 영화 보면, 할머니들이 돈 좀 얼마씩 내가지고 부쳐 줬으면 좋겠다, 이카면, "내고 싶으면 니 내라, 우리는 그런 돈 못 낸다, 왜놈들한테 나무도 해가지고 팔고 우리는 얼마나 고생했다고", 이 지랄 한다고.

▷ 정말 친구하고 싶은 분이 안 계시는가 보네요.

하나도 없어. 그리고 학교 간 사람도 없고. 가가지고 바로(가도 제대로) 간 사람도 없고. 이래 보면 ○○○이가 뭐 学歷가(학력이) 얼마나 있는 지는 모르겠지만, 그것도 내가 막 글로 창창 써가지고 시합을 한다 카면 내가 이길 자신 있어.

▷ 그건 제가 저번에 확실하게 알았어요. 한자도 잘 쓰시고 기억력도 좋으시고 일본어도 잘하시고. 아니, 그것도 중요하지만, 할머니 생각 이 제일 중요하다고 생각해요.

어, 뭐 나는 인자(이제) 자식도 없고, 내일모레 또 이 병으로 어찌 될란 지 모르고, 이거는. 내가 (생명) 보장을 설 수도 없는 기고(것이고), 한 치 앞을 모르게 우리가 살고 있는 건데, 저 사람들은 200살이 돼도 받아야지, 이카고 한약이다 뭣이다 링겔(링거)이다 뭐뭐… 매일 보믄 야단이라, 가만 보면. 안 죽을라고.

▷오히려 할머니 같은 분들이 계시다는 걸 사람들이 알면, 해결이 더 잘 될 거예요. 하여튼, 할머니가 저를 믿어주셔서 정말 감사해요. 이 말은 믿으셔도 돼요. 할머니 같은 분들이 계시다는 걸 사람들이 알면, 일본 사람을 포함해서, 문제가 더 잘 해결될 수 있어요. 그런 생각이 들어요.

그래도, 내가 안 해(말했잖아), 敵は100万、こちらは一人라고(적은 100만, 우리 편은 나 한 명이라고).

▷할머니, 저까지 두 사람. 그렇죠? [응] 그리고 제 주변에 저하고 비슷하게 생각하는 사람이 많지는 않아도 조금씩 있어요. 그러니까 一人(혼자) 아니고 여러 사람 되고… 그 여러 사람을 몇십 명 만들고 몇백 명 만들면 되니까, 조금만 기다리세요.

지원단체

아니, 그래서 뭐, 내가 누구 말마따나 아베하고 친척이 되나? 뭐, 내가 일본에 살아서 그 사람한테 厄介이 되어서(신세를 지거나) 뭐 할 것도 아니고. 사람이 전부 우째(어찌) 옛날에 전부 일본 사람한테 共産党(공산당)나 한국 사람이나 중국 사람이나 (일본한테) 反感을(반감을) 가지고 있잖아. 反感을(반감을) 가지고, 이렇게까지 해가지고 日本을(일본

을), 위안부… 그거라 해가지고, 人形까지 つくって(인형까지 만들어서) 미국까지 던지고. 일본은 못 가져가니까 못 가져가고 있지마는, (위안부) 옆에 달리(붙어)가지고 월급 받아묵(먹)는 사람들이 더하다고, 더해.

▷ 할머니, 오늘 너무 오래 얘기하셨다. 저도 더 듣고 싶은 얘기 많은데, 다음에 다시 들어요. 저 때문에 아프시면 안 되니까. 오늘은 이 정도로 하시고요, 다음에 제가 또 전화드릴게요.

그러니까, 世の中는(이 세상은) 사기꾼이나 저런 사람들을 신용하지, 진정이라 카는(진실을 말하는) 사람들은 신용을 안 하기 때문에, 세상은 무섭고, 옛날보담도 점점 자꾸 달라지는 세상도 귀찮고.

▷ 그래도 할머니, 진심은 통해요. 조금만 시간을 두고 하면, 조금은 바로잡힐 거예요. 그러니까 그때까지 건강하셔야 돼요. 건강 챙기시고, 특히 겨울에 감기 드시면 큰일나니까 따뜻하게 하고 주무세요, 할머니.

뭐 안 할 말로 감기가 무슨… 딴 병이 무섭지.

▷ 그러니까요. 감기 들면 딴 병이 더 도지잖아요. 그러니까 일단 추위 조심하시고요. 제가 자주 못 찾아가봐서 죄송한데, 제가 다시 또 찾아갈 거고요, 전화는 자주 드릴게요. 할머니도 언제든지 전화 주세요.

여기 자주 오고 이러만(면) 사무실이나 ○○○이가 또 그거 하고 이상하게….

▷아까 말씀드린 것처럼, 거기 안 소장이나 김 국장하고도 좀 가까워져야 될 것 같고, 저도 어떤 방식으로 다가가면 될지 고민하고 있으니까요. 당분간은 할머니랑은 전화로 많이 얘기해요. 그러니 사양하지 마시고 할머니가 전화하고 싶으실 땐 전화하셔도 돼요.

예, 그래서 나도 요즘에, 거도(당신도) 바쁘고 손님도 오고, 뭐 또 이야기하는데 내가 또 뭣도 모르고….

▷아녜요. 할머니 말씀이 중요하기도 하고, 할머니가 너무 훌륭하셔서, 생각하시는 게. 그래서 제가 할머니가 좋아서 얘기를 듣는 거예요. 물론, 역사를 경험하신 중요한 이야기이기도 하지만, 성품이 너무 좋으시고 훌륭하셔서 제가 얘기를 듣는 거예요. 그러니까 그런 생각 안 하셔도 되고요.

애기 소리가 나네.

▷아, 고양이 소리예요. 제가 고양이 한 마리 키우거든요.

아.

▷그럼 따뜻하게 하고 주무세요.

응. おやすみ(잘 자요).

▷네.

2014년 1월 4일 오후 6시 52분

김복동 할머니

▷ 여보세요? 말씀하세요.

[불명] 그랬는데, 내가 저기 누구한테 얘기 들으니까 돈 줄라고 [불명] 내려서 왔는데, 그걸 안 받고 보냈다고 ○○○이가 원망을 하더라고. [불명] 했거든. 내가 보니까 그게 아니고, 석 달 전인가 왔을 때 [불명] 그 사람이, 일본 사람이 왔는데, 말하자면 눈치를 보이까네(보니까), 民間의 金을(민간 돈을) 가져와가지고, 인자 그런 일 있었다 카고 얘기를 하길래(하기에), 내 그래서….

▷ 거부했다고요?

어, 정부에서 謝罪(사죄), 사죄를 하고 떳떳하게 정부의 돈을 받고 싶다, 인자 그래 말했대.

▷네에.

얘기 가만 들어보이까네(보니까), 민간 돈으로 해결을 하고 싶어하는 얘기 같애서(같아서), 그게 아니고 [불명] 사람은 謝罪가(사죄가)….

▷사죄하고, 국가보상이요?

어, 국가의, 정부의 돈으로 해줬으면 좋겠다, 그래(그렇게) 斷って(거부하고) 보냈다고.

▷그거는… 다른 얘기도 있었어요?

아니, 다른 얘기는… 그거에 대해서만. ○○○이가 자꾸, 내 (합의?) 없이 줄라 카는 돈도 안 받고 보냈다 하니까, 그 의미를 내가 몰라가지고 물어보는데, 그래, 그럼 무슨 이야긴가 싶어가지고.

▷민간이었다고요…

아이고(아니고), [불명] 돈으로 아마 해결을 했으면 좋겠다 카는 그 말을 하길래(하기에), 거기서 내 그래서 그 인자 謝罪(사죄)하고 떳떳하게 정부의 돈을 우리는 바란다, 그렇게 내려서 그래 말해가지고.[5]

▷그건 할머니가 잘못 알고 계신 거예요, 그 김복동 할머니가. 그건

---

5) 이날은 김복동 할머니가 배 할머니에게 전화를 했는데, 그 내용을 정확히 확인하고 싶었던 것 같다.

작년에 신문에도 난 건데, 민간기금 같은 건 지금 없어요. 지금은 그런 기금이 마련되어 있지도 않고, 작년, 벌써 재작년이네요, 2012년 5월에 일본이 하려고 했던 건 정부 돈이에요. 근데 그걸 그때 정대협 (한국정신대문제대책협의회)이 거부했는데, 정확히는 정대협이 거부했다기보다 정대협한테 물어보기도 전에 한국 정부가, 청와대 쪽에서 거부를 한 거예요. 아까 말씀드린 것처럼 입법으로 한 게 아닌데, 정부가 그걸 받아들이면 정대협의 비판을 받을 것이다, 하고 정부가 지레짐작을 해서 안 받아들인 거였고요.[6] 그게 사실 두 번째 기회였어요, 제가 보기에는. 옛날에, 그때 했던 거하고. 만약 김복동 할머니가 그렇게 한 게 민간기금[7]이다, 이렇게 알고 계신다면, 그걸, 혹시 그렇게 이야기를 정대협한테 들었다면, 그건 거짓말이에요. 민간기금이란 건 없어요. 모금이나 어디 재단이 있어야 민간기금인데, 그게 아니라 국고금으로 한다고 그랬어요, 재작년에. 그런데 그게 거부되고, 또 정권이 바뀌었잖아요.

아니, 그러면 정부에서 돈 준다 캤는데 왜 안 받어?

▷ 그러니까요. 할머니들한테 그걸 정확히 전하지 않고 이건 민간기금이다 하면서 운동을 계속한 거죠. 그래서 제가 비판을 했더니 정대

---

6) 『제국의 위안부』 211~212쪽 참조.

7) 아시아여성기금. 1995년에 일본 정부와 일본의 지식인들은 정부의 출자금과 국민으로부터의 모금을 합쳐서 위안부에 대한 사죄, 보상을 실시하기 위한 아시아여성기금을 만들었고, 한국에서는 1997년부터 보상이 실시되었다. 그러나 정대협의 반대로 인해 처음에 기금을 받은 7명은 이후 실시된 정부 지원금 지급 대상에서 배제되었고, 기금도 이후 더이상 공적인 장에서 거론되지 못한 채 2003년에 여러 나라 피해자들에 대한 전달식을 종료하고 2007년에 해산했다. 이 기간 동안 기금이 준비한 500만 엔을 수령한 사람은 60명이었다.

협이 저를 싫어하는 거예요. 지원단체들이 사실 할머니들을 중심으로 해서 할머니들 의견을 잘 바깥으로 전달을 하고, 그다음에 또 밖에서 무슨 일이 있으면 그걸 그대로 가서 알려드리고 그래야 하는데, 제가 보니까 그게 아니더라고요. 그런데 오늘 얘기를 들으니까, 정말 여전히 그러네요.

그런데 왜 거절을 해가지고 보냈는가 해가지고, ○○○이가 자꾸 그런 원망을 [불명] 그건, 원칙을(원칙대로) 할라면, 거기서 민간 돈으로 해결을 하는 것 같다… 같은 얘기를 하니까, 용서, 용서 빌고 정부 돈 아니면 안 받겠다….

▷ 그거 잘못 알고 계신…. 지난번에 제가 할머니께 말씀드린 것 같은데, 2012년 5월에 일본에서 제안한 건 세 가지였는데, 수상의 사죄, 그다음에 일본 대사의 할머니들 방문, 그다음에 보상금, 이렇게 세 가지를 제안했어요. 저는, 그걸 관심을 갖고 쭉 지켜보고 있어서, 아 이게 받아들여지면 참 좋겠다고 생각하고 있었거든요. 근데 그게 아예 받아들여지지도 않았고, 그 이후로는 아까 말씀드린 대로… 잘못 알고 계신 거고요. 근데 여전히 정대협이 그렇게 얘길 했다면 정대협이 계속 거짓말을 한 거죠. 제 짐작엔.

그니까 지금, 거짓말인가?

▷ 민간기금이란 건 없으니까요.

그럼 잘못….

▷ 잘못 알고 있는 거냐고요? 아니요, 정대협은 잘못 알고 있을 만큼 정보가 없는 곳은 아니에요. 일본 단체들하고 다 연결되어 있기 때문에 정보는 정확하고, 알아야 할 건 다 알고 있어요. 근데 가끔 오해를 하거나 잘못 말하거나 이런 경우가 있고요.

김복동 할매는 그래 알고 있더라고.

▷ 나중에 한번 말씀해주세요, 그건 아니라고. 그리고 정대협에서 요구하는 건 단순히 보상금이나 사죄가 아니라, 국회에서 법을 만들어서 배상·사죄해라, 하는 거다, 그렇게 정확히 알고 계시는 게 좋을 거 같은데요.

그… 김복동이 전화번호 대드릴까?

▷ 아, 아세요? 개인번호 아세요? 그러면, 금방은… 지금 제가….

아이라(아니야), 아이래(아니야). 언제 한번 생각나면 전화 걸면….

▷ 네, 그럴게요. 잠깐만요, 적을게요. 전화로 갑자기 얘기하는 건 그렇고, 언제 한번 뵈어야 하는데. 알려주세요.

02….

▷ 일반전화네요?

응. 일반전화, 방 안에 전화가 있어. 공이, 삼이사, 三二四, 一九五三(삼이사, 일구오삼)

▷ 일구오삼?

공이, 삼이사, 일구오삼.

▷ 네, 알겠습니다. 그 할머니는 그쪽 성미산 근처인가, 그쪽에 거주하고 계시는 거죠?

어, 거그(거기).

▷ 이분은 외출이 가능하신지 모르겠네요. 아무튼 제가 한번 전화를 드려볼게요. 아니면 할머니가 언제 얘기를 해주세요, 이런 사람이 있다고. 정대협하고는….

정대협이 건 원치 않으면 그카니까(그러니까), 내가 정대협에 좀 아는 사람 있다 카고(하고), 그래가지고 말 걸어야지.

▷ 어떡할지 좀 생각해볼게요, 저도.

[불명]

▷ 김복동 할머니하고 친하신 줄은 몰랐죠, 제가.

아, 같은 경상도잖아.

▷ 같은 불교시고.

같은 불교고… 나도 그래가지고 저번에 하도 심심해서 정대협에다 전화를 걸었거든, 김복동이 전화번호 아나 카니께(하니까) 대주더라고 (알려주더라고).

▷ 아, 그랬구나.

전화 거니까는 지(자기)도 반갑고, 같은 경상도고 불자고 하니깐….

▷ 아…. 그러면 제가 한번 언제 일단 전화드리고… 만날 수 있으면 좋은데… 할머니한테도 또 얘기할게요.

아이, 거 거도(그도) 눈이… 아산병원에서 치료를 했는데, 한쪽 눈이 치료가 잘못됐는지, 본인이 우찌(어떻게) 아팠는지는 모르지마는, 한쪽 눈은 아롱아롱하고 한쪽은 보이긴 하는데… 일본도 갔다 오고 미국에도….

▷ 그러게요, 지금 제일 활발하게 (활동)하시잖아요. 그리고 할머니, 이용수 할머니 아세요?

이용수 할머니

이용수? 대구 이용수? 아는데, 이용수 전화번호가….

▷아니, 저는 알아요. 아는데요. 할머니하고 이용수 할머니하고는 얘기 좀 하세요?

어어.

▷조만간에 이용수 할머니도 한번 만나뵈려고 그래요. 제가 이용수 할머니는 전에 한 번 우연히 만나기도 했는데, 그분이 옛날엔 열심히 활동하다가 최근엔 또 안 하셨잖아요. 그런데 다시 교학사 교과서 문제로 어제오늘 또 신문에 나셨던데요.

이용수가 저 대구, 대구 대학에 댕깄잖아(다녔잖아).

▷네. 그분도 한번, 언제 한번 얘기를 해보려고요, 제가.

어어.

▷그 할머니하고도 다 아시는군요.

아, 잘 알고말고.

▷그러시군요. 친한 사이세요?

안 친해도, 머이… 만나러 오면.

▷ 얘기 많이 하시고요?

시골 얘기 한다고. 참외 나왔나, 카고(하고).

▷ 하하, 그래요?

점순이도 잘 있나, 카고, 잘 있지요, 카고. [불명] 말도 하고.

▷ 아, 그러시군요. 잘됐어요, 그럼.

[불명] 용수, [불명]도 불고.

▷ 아, 할머니가 싫어하시진 않는군요. 잘됐네요. 그럼 그렇게 서로 좀 마음이 조금이라도 통하는 분들끼리….

아니, 아니, 얘기해도, 돈에 대해선 안 되지 싶어.

▷ 알아요. 이용수 할머니도… 알아요. 오래도록 UN에….

용띠거든. 용띠라서….

▷ 하하. 하지만 이제 조금씩 이야기를 해봐야 하니까요. 일단 김복동 할머니처럼, 사실을 제대로 알고 계신지도 확인을 좀 해봐야 되고, 천

천히 한번 얘기해볼게요.

네.

▷쉬세요, 할머니.

2014년 2월 1일 오후 3시 18분

옛날 생각

여보세요?

▷ 네네, 듣고 있어요.

電話切れたから(전화, 끊겨서)….

▷ 아뇨, 아뇨. 잠깐 끊기는 거 같았는데 괜찮네요. 할머니 아프셔서 그냥 기분이 안 좋으시… 오늘 날씨도 꾸물럭해서….

날씨도 날씨고, 요새 다리도 아프고 피 순환이 안 좋아가지고, 피 순환이 안 돌아가지고, 다리가 아프고….

▷ 지난번에 아프다 그러시더니, 아프신가 보네요. 언제부터 그러셨

어요? 며칠 전에는 괜찮으신 거 같더니….

아이, 이 다리는 괜찮은 게 아니고, 피 순환 때문에 다리가 더 아프지. 피 순환이 딴 사람하고 안 같고… 피 순환이 안 돌아가지고 은행 이파리, 그 약을 사먹어봤다가….

▷아, 어떡해요….

그래서, 아이고, 설이지…

▷어제는 떡국이랑 끓여 잡수셨어요? 거기서 잘해줬어요? 설은 어떻게 보내세요, 거기서는?

뭐, 뭐, 떡국인지 뭔지…. 여기 밥하는 사람이, 저기 젊은 사람들이 밥을 해논 기라(해놓은 거라). 근데, 옛날 할매들….

▷입맛에 안 맞으시는군요.

안 맞지. 옛날 음식이… 김치 같은 거, 절에 [불명] 때문에 ニンニク(마늘) 같은 거 안 여니까(넣으니까) 맛도 없고. 옛날, 우리 고향에, 시골에 김장, 그런 거 생각나고. 시골에 김치 담는(담았던) 생각 나고….

▷네에, 그러시구나. 할머니가 다리가 좀 덜 불편하시면 좀 모시고 다니면서 맛있는 것도 좀 사드리고 그럴 텐데, 좀 그러네요.

그리고 또, 입맛도 없고. 누구 말마따나 안 맞아도 암꺼나(아무거나) 먹어야 되는데….

▷ 그럼요, 드셔야죠. 기운 차리시려면.

기운 차릴 생각도 안 하고. 이런 세상 살아봤자 뭐….

▷ 할머니, 그렇게 생각하시면 안 돼요. 그래도 좋은 쪽으로 생각하셔야지.

나는 별로 욕구도 없고. 세상도… 세상이 인젠 자꾸 바뀌고 이러니, 中國(중국)도 생각이 나고….

▷ 그렇죠. 옛날 생각 많이 나시죠? 할머니.

응.

▷ 할머니, 제일 행복했을 때가 언제예요?

아이 뭐, 그런 건 없고. 행복은 없고….

▷ 그래도, 제일 편안했을 때요.

아이, 그런 건 다 인제, 젊고 몸이 건강할 때 얘기고. 지금은 이제 나도 나이가 많아 그래놓으니, 생각이, 마음이 맞는 사람이 여기에 있어가지고 얘기라도 통하는 사람이 있어야지. 나는 뭐 노래방이니, 이런 얘기 안 하고. 나는 뭐 아무것도 [불명] 사람들도….

▷ 할머니가 거기서 외로우신 게 마음이 아프네요. 좀 마음 맞는 사람이 있으면 좋을 텐데….

일본인 친구

그러니까, 아렌가(그저껜가) 전에 연세대 아(아이)… 와가지고 일본 애가… 오키나와 앤데, 와가지고… 아레, 오늘, 이틀 놀고 내일 학교 가봐야 한다고 해가지고 가서… 그 아하고 있으면 같이….

▷ 젊은 학생이에요?

아니래. 이제 나이 60이 다 됐는데, 그래도 한국어를 배울라고 나와 있는데. 그것도 인자 6월달 되면 그만 배우고 간대.

▷ 아, 거기 한동안 살았어요?

아니, 산 게 아이고.

▷ 가끔 찾아왔어요?

토요일, 일요일, 이렇게 와가지고 봉사도 하고… 그 [불명]식당에 가서 일 거들어줘야지. [불명]하고, 그 [불명]하고 아이거든(아니거든) 뭘.

▷ 시켜요? 그 일본 사람도요?

아이고, 여기 오면 다 일하지.

▷ 자원봉사하느라고…?

부엌에… 여가(여기가) 가만히 [불명]하는 집이 아니잖아.

▷ 할머니 보시기에 어때요? 그런 게?

아이, 여(여기) 왔으면 지(자기)도 할라꼬(하려고).

▷ 그렇죠, 하려고 오는 거잖아요. 자원봉사하려고.

그냥 뭐, 같은 민족도 아닌데….

▷ 할머니들한테 미안한 마음으로 하는 거죠, 뭐.

그래, 지(자기)도 말하는 거, 지도 다 [불명]할 거 다 하고. 학교 다닐 땐 [불명]도 없으니까 여그(여기)가 내 집이다 하고 봉사를… 내(나)하고 같이 얘기도 하고 뭐. 한국말 배울라고 공부를 하러 왔거든. 그니까 뭐 다 일본에서는 졸업한, 대학교 나온 애들이지.

▷ 그렇죠. 오키나와 사람이라고요?

어어, 오키나와.

▷ 60이 넘었는데, 그렇게 왔어요?

어어. 그런 것도 한국어 배울라고. 나이가 많고 적고 하나도 안 가리고.

▷ 알아요, 저도. 일본은 나이 많은 사람도 그렇게 열심히 와서, 늦게… 60이 넘어도 정년퇴직하고 오는 사람도 많고 그렇죠.

공부할라고, 한국어 배울라고. 나는 일본말 하고, 지는 한국말 하고.

▷ 그러셨구나. 재밌었겠네요.

아이, 근데 여기 온 애들 다 그렇다고. 일본에 가가지고도 편지 쓰면 일본어 써가지고. 내가 読める니까(읽을 줄 아니까), 일본어를 아니까, 日本の(일본의) [불명] 집 아이들도 어문(한글)으로 딱….

▷ 하하. 할머니가 일본어를 제일 잘하시니까. 좋을 거예요, 그 사람들도….

그런데 옛날 같으면… 이 집에 연변에서 살다온 사람… 뭐, 있는데, 공부를 안 한 사람들이자네. 어문, 어문만 아는 사람들이니까 일본 사람들이 얘기해도….

▷ 할머니가 너무 유식하셔서….

아니야. 안 통하는 것보담도 사정(?), 사정은 또 보이는 사람이잖아. 모르는 사람은… [불명]….

▷ 네, 가족이 또 없으시니까. 여러 가지로 좀 그러시네요.

내 나이가 90이잖아.

▷ 네, 그러게요.

인생관이 [불명]이지.

▷ 할머니, 참 훌륭하세요. 정말 제가 말씀 들을 때마다 생각하는데….

이게 무슨 뭐, 내가 좋아하는 [불명] 세계다, 노래 부르는 세계다… 노래도 뭐, 여러 나라 노래 레파토리 다 있잖아. 그런 걸 뭐 하이(하나) 아나, 뭐 하이 아나, 그래서 물어보면 옛날에 뭐 머슴아들은 학교 보내도 계집아들은 학교…

▷ 학교 안 보냈죠.

뭐, 인제 이카고, 사회… 그것도 보이지, 사회가 이렇게 변한 게. [불명]

만날 테레비 보고 [불명] 안 생각하고.

▷ 할머니는 관심도 많으시고, 또 잘 아시고 하시니까요.

그 사람들 항상, 이, 뭐, 김일성이 정신, 그래도 또 철저한 김일성이 정신도 아니고.

▷ 네, 철저한 것도 아니고.

그 나라에서 수십 년 있어도, 혁명가 노래 같은 거 있잖아, 그런 노래 아는 사람도 하나도 없지. 나는 거기서 [불명] 있어도 [불명]는 알거든. 유행가는 안 불러도 혁명가, 그런 노래는 부르거든.

▷ 할머니 하얼빈에 계셨으니까 아시는군요.

거기 있었으니깐, 걔들이 왔다 갔다 하니깐, 얘기도 하고 뭐 배우고… 듣고 알고. 인제 그 사람들 전부 [불명]된 게지, [불명]을 아나, 객지 와 한 12년 됐는데 인자 여기 일을 쪼끔, 아는 건 아는 거고 모르는 거는 모르고.
[중략: 다른 할머니 이야기]

방

▷ 할머니, 외풍 심하다고 그러셨는데, 그건 좀 어때요?

응?

▷ 방에 외풍 심하다 그랬잖아요, 지난번에.

아, 방에 외풍이 시잖아(세잖아).

▷ 그거, 아직도 그냥… 안 해줘요?

그거 그냥 그대로… 문 열어놓고 그래 계속 열어. 바깥 공기가 들어오
니깐 인제 문을 열어놓지. 그러면 따뜻한 공기가 들어오니깐 조금 다
르지. 커텐을 저기했는데, 인제 남의 손에 부탁을 해가지고 할라니까
[불명]하고. 이것도 저거하고… .

▷ 그걸… 어디 커튼 하는 사람이 봐야 하나, 어떻게 해야 하나요…?

아니, 아니, 그것 좀 하는 것도 뭐, 이 퇴촌을, 거 나가면… 있기야 있
는데. 여기는, 나간다 캐봤자, 금요일밖에…. 나가서 뭐, 저 (경기도) 광
주에 나가가지고 뭐 살 거 있으면 좀 사고… 뭐, 그냥 나가서 시간도
없고, 시간도 없고, 그래 헤어져놓으면 한 시간 동안에 전부….

▷ 아, 일보고 오라고요…?

어어. 일보고 오라고. 차는 약국 앞에 시쳐(세워?)놓고.

▷ 그러면, 할머니는 다리도 불편한데, 쉽게 움직이기가 어렵잖아요?

아이, 거, 방에 끄시고(끌고) 댕기는 거.

▷ 그래도 힘들죠.

그거를 가지고 나간다고, 나갈 때 부추겨(부축해?) 가지.

▷ 그러니까요, 빨리빨리 움직이기 힘들잖아요.

어. 그리고 밀고 댕기는 거 있거든.

▷ 네, 알아요. 봤으니까, 제가.

그러니까 밖에 나가도, 춥기는 춥지. 사람 복잡한 데에 나가면 위험하지, 그래서 거한(안 좋은) 게 많지.

▷ 그런 건 직원한테, 거기서 일하시는 분한테 부탁해서 한번 와서 좀 보라고 하면 안 돼요?

아니, 보고 안 보고 (간에) 그거는 지(자기)가 가지고 댕길 때 잘 밀고 댕겨야지.

▷ 커튼 하는 사람보고 할머니 방에 와서 한번 보고 어떻게 하면 될지 좀 봐달라면 안 되나요?

아이, 그거는 인자 [불명] 생각은 하지만, 생각은 하고 있는데…. 그냥 막 [불명]….

▷봄 다 됐으니까. 하긴 겨울은 거의 다 지나긴 지났네요. 금년 겨울은 많이 춥지 않아서 그나마 다행이었죠?

그리고 문을 밤새도록 열고 자고… [바깥 공기 들어오라고요?] 전기가 인제… 그러나저러나, 오늘도 저녁에….

▷뭐 보셨어요?

『조선일보』 있잖아요, 우리 항상 『조선일보』….

▷거기 『조선일보』 봐요? 『조선일보』가 있어요, '나눔의 집'에는…?

아니, 그, 나오잖아. 19번 돌리면 『조선일보』가 나온다고.

▷아, 네, TV요.

미국

이북 사건, 일본 사건…. 거, 방송에, 아까도 아베가 나왔는데, 저 미국에서 미국 수상이 일본보고 한국 독도 얘기부터… 미국에서 지금 文句(뭐라고) 해쌓거든. 그니까 인자 아베도… 뭐 좀 얘기를 하더구만. 전부 미국에서 뭐, 위안부 얘기도 했는지, 아베가 독도 얘기도 했는지,

그걸 인자 막 지그(자기들) 맘대로 청산할라 카잖아. 청산할라 카지만, 또 일본도 지그도 人間だから(사람이니까). 일본도 지그 考えが(생각이) 있잖아, 그라니까네 좀 거하지. 그렇다고 TV, 나왔더라고.

▷ (아베가) 최근에 야스쿠니 갔기 때문에 비판을 많이 받았죠.

야스쿠니, 그것도 대동아전장(대동아전쟁) 때 도조 히데키, 그 사람 실망해서 목 달아매갖고 자살했잖아.
[중략: 영화 이야기]
그것 때문에 [불명] 戦争して(전쟁해서) 도조 히데키가, 責任者가 靖国神社にまつられているから(책임자가 야스쿠니 신사에 안치되어 있으니) 지그(미국) 딴에는 나쁜 놈인데, 뭐하러 お参り(참배하러) 들리느냐고 いちいち文句(일일이 뭐라고) 하지마는, 아무 죄도 없는, 죄 없는 군인도 있잖아.

▷ 그럼요. (그런) 군인이 더 많죠. 전범은 좀 있고.

그래, 그런데 그 얘기도 가만 들어보만, 전부 뭐, 야스쿠니 신사다, 독도다 하고 미국에서 자꾸 거들거든. 우리 국무총리가 또 뭐 배상을 해라, 뭐 이카고(이러고). 전부 일본에서는 [불명]하는 사람도 아니고, 그 사람들도 그 사람 나름 考えが(생각이), 뭣이 있잖아.

▷ 어떻게 생각하셨어요?

아이, 생각한 거보담도 인자, 기가 차지. 전장(전쟁)해가지고 진 사람

도 진 사람이고, 이긴 사람도… 勝てば官軍、負ければ地獄(이기면 관군, 지면 지옥)…, 하이고 참.

▷ 하하, 네. 지금 미국이 그러는 게, 야스쿠니에 대해서는, 미국하고 일본하고 싸웠잖아요. 전쟁했으니까 미국으로서는 당연한 입장일 수도 있고. 무엇보다도 그런 문제로 한·중·일이 시끄러우니까, 미국으로서는 한국하고 일본하고 싸우지 않았으면 하는 마음이거든요. 그러니까 야단치는 거죠.

미국도… 미국도 제일 큰집이라서 제일 큰집이어노니까네(큰집이 되어놓으니까), 뭐 어째라저째라 카고 명령을 하는데…. 일본 사람도 일본 사람이고 그 사람도 그 사람… 사람 복장(마음)을 가지고 있으니까, 뭐 자기들이 잘못했는(잘못한) 거는 어디꺼정(어디까지) 잘못했고 안 그랬는(그런) 건 안 그랬다 카는 걸 知って(알고)…, 다 아는 기라.

▷ 그렇죠. 다 알고 있는데….

뭐, 미국이 알지도 못하고 거든다, 이런 생각을….

▷ 맞아요, 그리고 특히 위안부 문제에 관해서는, 일본이 굉장히 섭섭하게 생각하죠. 뭘 많이 했다고 생각하는데. 계속 아무것도 안 한 것처럼 한국은 자꾸 얘기를 하니까. 그래서 섭섭해서 더 그래요.

일본군 위안부

아무것도 안 한 것처럼 하지만,[8] 일본 사람은 한국에 와가지고, 뭐 위안부 장사 그런 것도 안 하고, 중국에서도 그런 장사 그런 거 하지도 안 하고. 人事、人の紹介所(인사소개소, 사람 소개하는 곳), 그게 전부… 뭐, 부산, 대구, 서울, 뭐 할 거 없이 집 앞에 큰, 뭐 中央通り(중앙로) 같은 이런 데 가면 전부 뭐 총소(?), 총소가 있었잖아. 그니까 전부 그래가지고 옛날, 옛날에 집이 입장이 곤란해가지고 간다고 갔는 기(간 것이) 돈 때문…. 위안부라 카는 건 뭐냐 카면(하면), 위, 안, 부, 카는(하는) 글자 고대로(그대로) 옛날에 일본 군인들 お世話する(이것저것 챙겨주는), 그 母親たちが(어머니들이), [불명] 일본군 전선에 갈 때 전부 お世話 お世話、前掛け 입고 お世話하는(이것저것 챙기고 앞치마 입고 돌보는) 그런 사람들을 위안부라 캤거든(했거든).

▷ 알아요, 할머니. 저도 그렇게 생각해요. 그런데 그렇게 생각하는 사람이….

그걸 중국인이, 소개해가지고 데리고 가는 사람들이… 위안부… 어찌 처음에는 공장이라 캤는데(했는데), 나중에 가보면 위안부라 카는(하는) 말을 들으니까 깜짝 놀래지. 원래 일본 사람들이 전선에 보내는 군인들한테 あれこれ(이것저것) 전부, お世話하는(챙기는) 사람들이 위안부라, 위안분데, 그 시절에는 한국 사람들이 [불명] 아는 사람도 있고, [불명]니까 끌고 간 때문에(때문에)….

---

8) 내가 '일본의 사죄 보상'에 대해 한 이야기를 배 할머니는 일제시대 이야기로 받아들인 듯하다.

▷여러 케이스가 있지요, 중간에서 업자가 속인 경우도 있는 거 같고요….

근데 뭐, 가마이(가만히) 생각하면, そっちの味方にもなれんし(그쪽 편도 들 수 없고)… [불명]….

▷네. 그러게요.

난 불교라서 세상을 [불명] 判斷(판단)하는 사람인데, 가만히 보면, 이래(이렇게) 간 사람 저래(저렇게) 간 사람… 저기, 너무 [불명] 사람, 그쪽까지(그렇게까지) 참 일본 사람들이 그걸 당했구나, 그런 생각도 나지.

▷네, 참 이게 저도 볼수록 어려운 거 같은데, 저도 조금 다르게 생각해야 되지 않느냐는 입장이어서 책도 쓰고 그랬고요…. 지금 한일관계가 너무 나쁜데, 문제를 생각하려면 정보를 정확히 알고 있어야 되잖아요. 예를 들면, 일본은 과연 (사죄 · 보상을) 얼마만큼, 어디까지 했고 어디까지 못했는지 이런 걸 알아야 못 한 거 있으면 더 하라고 요구를 할 수 있잖아요. 근데 한국은, 일본이 아무것도 안 했다고 생각하는 사람이 너무 많고, 그러니까 일본 사람들도 또 거기에 대해서 반발하고. 지금 10년 전, 20년 전에 비해서 한국을 싫어하는 일본 사람이 너무나 많이 늘어났어요. 저는 그게 참 걱정인데…, 그리고 아시는지 모르지만, 프랑스에서도 무슨 만화축제에서 위안부를 다룬 전시회를 한다는 거, 아세요?

아니, 그건 또 모르지.

▷ 최근에 뉴스에도 나왔어요. 2, 3일 전부터 프랑스에서 큰 만화축제를 하는데, 위안부 문제를 다룬 만화들을 한국에서 출품했어요. 전시회를 하는 거죠. 그런데 그것도 막 강제연행으로 끌려가고… 거의 그런 내용 중심인 거 같아요. 일본이 반발해서 그걸 가지고 서로 막 싸우고 있어요.

일본도 참, 목을 치고 자살할 기분이지.

▷ 하하…. 그니까요. 그래서….

糸が(실이), 실이 막 얽혀가지고….

▷ 네, 너무 얽혔어요, 맞아요.

[불명] 어느 기(어디가) 꼬여가지고, 그, 세상이 참 묘하게 돌아간다 싶어.

▷ 네, 할머니, 너무 잘 아세요. 할머니 말씀대로 너무 얽혀버려가지고 풀기가 참 어려워졌는데…. 그래서 저랑 비슷하게 생각하는 사람이 많진 않아도 조금은 있거든요. 그래서 그런 사람들이 같이 모여서 얘기를 시작하려고 해요. 이제 상황이 이렇다는…. 지금 할머니나 저처럼 생각하는 사람이 별로 없잖아요. 상황이 이렇고, 이 문제를 바르게 풀기 위해서는 이렇게 하는 게 좋겠다, 이런 이야기를 하는 모임을 가지려고 해요. 그런 자리에 할머니 같은 분이 오셔서 나는 조금 다르게 생각한다, 내 생각은 이렇다, 이런 이야기를 해주시면 큰 도움이 될

것 같아요. 그런 거 혹시 부탁드리면 와주실 수 있으세요?

다른….

▷ 예를 들면, 지금 바깥에 들리는 얘기는 전부, 일본은 아무것도 안 했으니까 법을 만들어서 사죄하라, 이런 거잖아요? 그런데 전에도 말씀드린 것처럼, 법을 만들어서 사죄하는 건 거의 불가능하거든요. 그러면 언제까지나 안 되는 요구를 하는 셈이니까. 그것말고 다른 추가 조치를 하라, 이런 내용으로 요구하는 게 합당하다는 생각이 들어요. 조금 더 정확하게 일본이 뭘 했고 뭘 못 했고, 위안부는 뭐고… 이런 얘기를 조금 더….

[중략: 다른 사람의 강연 내용 이야기]
항상 그래가지고 옛날에 나라에 군인으로도 뽑히(뽑혀)가고 [불명] 뽑히갖고 이러고 산 일, 우리도 그것도 다 알거든. 다 아는데도, 전장에 전부 할매들 끄시고(끌고) 갔다…, 할매들이 한다는 소리가. 열한 살에… [불명] 열세 살에 죽이고…. 이게 말이 안 되는 소리….

▷ '증언집' 같은 거 보면, 아주 어렸을 때 간 경우는 업자들이 속여서 데려간 거고, 예를 들면 언니가 갔는데 동생까지 데려간다든가 하는 식으로 업자들이 데려간 거 같고요, 가서 또 금방 그런 위안부 일을 한 게 아니라 처음에는 이런저런 허드렛일들…. 주인들이 나쁜 거 같아요.

일 시킨 일도 없고….

▷ 그렇게 생각하세요?

13歲が (열세 살이) 뭐이 (뭐가) 어떻고 어떻고 하지만, 그거는 はっきり言っ
ってものを言えられん (분명히 말해 기가 막혀 말이 안 나온다고). 또 그런 그
것도 없고. 모두 다 열일곱 살, 열여덟 살, 열아홉 살…. 모두 그때 인
자 좀 모자라가지고 [불명]는 있지마는, 그건 진짜 애기잖아, 애기.

▷ 그러니까요. 근데 맨 처음에 한국에 알려질 때 열두 살짜리도 데려
갔다, 이렇게 알려져버렸기 때문에….

그러니까 話がならん (말이 안 돼).
[중략: 조선 시대의 불교 탄압과 일본 이야기]
그땐 발전된 세상이 아니기 때문에, 문화 발전도 안 되고, [불명] 일본
사람들도 [불명]한다고 했는데, 그런 일로 조금, 조상도 [불명] うらみ
(원한)가 있더라도 한국 사람도….

▷ 네. 이제 미국이나 유럽 가서도 비난을 하는 그런 상황, 세계에서
지금 비난을 받고 있는 상황인 거죠.

내가 지금 어떻게 생각하면, 참 일본 사람도 불쌍타, [불명]가 [불명]고
조상 [불명] 그케 (그렇게)까지 엄중하게 제국주의를 했는데, 살다가 살
다가 이 무슨….

여파

▷아마 할머니도 아시겠지만, 일본 사람도 여린 사람이 많잖아요. 그런 사람들이 너무 비난을 받으니까, 그동안 미안하다, 잘못했다, 그러다가… 너무 이제, 한 일 이상으로 안 한 것도 했다 그리고 하니까, 화가 나 있는 상태 같아요. 제가 보기에는 이 문제가 혹시 해결이 되어도, 한국에 대해 상한 감정이 금방 풀리기가 어려울 만큼 지금 심각해졌어요.

여기 인자(이제) 일본 손님 발 끊고… 손님 안 온다고.

▷그럴 수도 있죠. 예전에 비해서 줄었어요?

아이고, 막 쭐고(줄고) 막….

▷아, 많이 줄었어요? 아…. 그러니까요. 제가 생각해도 십몇 년 전에 일본이 보상하고 사죄하고 그럴 때, 그때 해결이 되었으면 참 좋았는데, 그게 안 돼서….

그것도 그렇고, 또 얘기하지마는, 박정희가 있을 때 김종필 있었잖아, 그 시절에 일본에서 합의가… 한국에 日韓条約で(한일조약으로) 일본 돈으로 50억을 박정희한테 줬는 기라(줬던 거라), 그 뭐, 저, 損害(손해) 배상비를. 그거하고, 그거 가지고 도로, 포항제철 공장 [불명] 그 돈으로 그거 다 하고…. 양쪽에 위안부 [불명]는 없었고, 옛날에는 위안부, 전부 부모들이 팔아묵었잖아. 옛날에 新町(신마치)라고…, 서울에, 우

리들도 어렸을 때, 부산이고 어디고 옛날엔 유곽이 있었거든. 그래가지고 부모들이 2000원에, 옛날돈으로 말하자면 2000원에, 3000원에 팔고, 팔아먹고….

▷ 가난하니까요, 다들….

그래(그렇게) 했는데, 어째서 인자 와가지고… 1941年から45年まで戦争が(1941년에서 45년까지 전쟁이) 있었거든, 大東亜戦争(대동아전쟁)…. 그러고 난 뒤에, 인자 와가지고 1992年, 위안부….

▷ 목소리가 나온 거죠.

솔직하게 이렇거든. 그래노니까네(그래놓으니까), 가만 생각하면 참, どっちの味方にもなれんし(어느 쪽 편도 들 수 없고), [불명]한 데가 있다고.

▷ 네, 사실 제가 보기에도 너무 여러 입장이 있고 여러 상황이 있는데, 지금은 외부에는 지금 말씀하셨던 것처럼 하나의 목소리밖에 안 들리고 일본은 사죄·보상 아무것도 안 했다, 강제연행했다, 이 얘기밖에 없잖아요. 그러면서 일본한테 인정하라 이러는데, 할머니도 잘 아시는 것처럼 그렇게 말해서 (일본이) 인정을 할 수가 없는 상황이잖아요. 사죄 안 한 것도 아니고. 하지만 이제 꼭 그렇게만 생각….

大和魂(야마토 다마시)라고 그런 성격이 있는데, 그 사람들 안 그런 걸 했다고….

▷ 네, 저도 많이 느껴요. 옛날엔 한국 좋아했던 사람이 점점 차가워지는 것도 느끼고. 일반 사람도 그러는 걸 느끼는데, 상황이 이러니까. 이렇게 계속 가면 안 되잖아요. 이 상황을 조금 다르게 만들려면 위안부 문제를 해결해야 하고, 해결하기 위해서는 이 문제를 어떻게 생각해야 되는지를 한 번쯤….

내가 어떨 때는, 저거 생각할 때는 자기들이 안 했는(한) 거는 안 했다고… [불명] 우리는 이런 짓을 안 했으니까 당당하게 보상했다 카는(하는) 정신을 가지고 있거든, 말하자면.

▷ 인정도 많이 했죠, 한 것도 많이 했는데. 이제 그….

보상금, 뭐 그런 거는 많이 했지마는, 거기에 대해서는 암만 그 생각을 해봐도, 그런 일도 없었고….

▷ 그걸 사람들이 다 알고… 자, 그러면 어떻게 해결해야 될 것이냐, 다 알고 나서 그러면 어떻게 하는 게 가장 좋으냐, 이렇게 생각하는 단계로 들어가야 해요. 그런데 전혀 지금 그 단계로 못 들어가고 있어서 그걸 해보고 싶어요. 저는 사실 할머니가 이렇게 생각하고 계시는 줄은 정말 생각도 못 하다가 너무 반가웠는데요, 그래서 한 3월쯤에 그런 걸 좀 해봤으면 좋겠다, 보상 못 받으신 분들, 받을 분들 받고, 사죄도 받고 그랬으면 좋겠다는 게 제 생각이거든요. 어떻게 생각하세요, 할머니?

난, 그거는…, 난 어쩐지 그걸….[9]

▷ 문제는, 저도 소수지만 할머니도 소수잖아요, 적은 100만 대군이라고 하셨는데, 이걸 갑자기 하면 비난만 받고 끝날 거라, 그렇게 되지 않도록 잘 계획을 짤 생각이에요. 제가 진행 과정은 할머니한테 그때마다 말씀드릴게요. 어떻게 되어가고 있는지.

증언

[중략: 다른 할머니에 관한 생각]
아니, 딴 사람도, 우리 집에 있는 사람들도 똑같은 얘기를 千回でも何回でも(천 번이고 몇 번이고) 하는데, 요새는 뭐… 했던 말 또 하고. 뭐 그럴 게 있나, 사람이 뭐 거하지, 이런 소릴 하더라고.

▷ 그런 문제들….

同じことをしゃべられんと(똑같이 말할 수 있어야지).

▷ 그럴 수도 있죠. 그럴 수도 있어서 참 어렵기는 한데, 아무튼 제가 봐도 어떤 분은 약간 좀, ○○○ 할머니의 경우는 약간 문제가 있긴 있는 것 같아요. 옛날에는 친구랑 같이 어떤 사람이 데려갔다, 그렇게 말씀을 하셨는데, 최근에, 2000년대 이후에는 자는데 갑자기 군인이

---

9) 배 할머니는 일본에 대한 사죄·보상 요구에 대해 부정적인 편이었다. 하지만 나는 이때는 아직 그런 생각을 충분히 이해하지 못했다.

방안으로 들어와서 끌고 갔다고….

とんでもない(말도 안 돼).

▷ 그렇게 얘기하세요. 그러니까 일본 사람들도…. 자기들도 알긴 알잖아요, 그럴 수는 없다는 걸.

그리고 또 このごろ(요즘) 어제, 아레(그저께) 또 とんでもないことを(말도 안 되는 얘기를) [불명]한테 하더라고.

▷ 뭐라고 했는데요?

아이, 뭐 열세 살에 갔는데….

▷ 누가요? 거기 계신 분이…?

○○○이가.

▷ 아, ○○○ 할머니.

갔는데, 가가지고 뭐 찔러 죽이고, 또 뭐 우째(어떻게 해)가지고 찔러 죽이고, 뭐 그런 얘기…. 만일 우짜다가(어쩌다가) [불명] 있는 거는 戰爭이(전쟁이), 사상자들 있잖아? 統一運動(통일운동)하는 [불명] 人たち(사람들). 그런 사람들은 [불명] 있으면 그렇지만, 위안부 그 사람들을 누가 알 낀데(건데). 누가 그 사람들을. 뭐…, 전방도 아인데 칼을 振り

回したとか(휘둘렀다는 등)….

▷그게, 장소에 따라 달랐던 거 같아요. 어떤 곳은 부대가 많이….

○○○이는 군인한테 칼로 내가(자기가) 하도 맞아가지고 흉터가 있어가지고 고름이 나오고…. 고름이 나오면 어떻게 살았어? 그다음에는, 아이고 그런 게 아니고, 확 밀쳐가지고 [불명] 다쳤다고 했다가…. ○○○이가. 가만 들어보면….

지원단체

▷바뀐단 말이죠…. 그러니까요. 그런 것들이 쌓이고 쌓여서 지금 한일관계에 심각한 영향을 끼치고 있는 상황이라 그냥 두고 보기는 좀 어려운, 그런 상황 같아요. 그래서 고민이 많은데, 할머니랑 얘기가 통하니까 너무 좋아요. 아, 근데 안 소장님이… 내가 지난번에 책도 주고 했는데 연락을 안 줘요. 그래서 월요일쯤 전화해볼까 하고….

안중근이 동네, 황해도, 이북, 평양 저짝(저쪽) 황해도 사람이고, 이등박문, 이토 히로부미…, 그 안중근하고 고향도 가까워.

▷그러니까 기대하지 말라고요?

[불명] 보기보담도 아주, 마, 더러운 곤조를 가진… [불명]야.

▷ 근데, 저로서는 할머니도 할머니지만, 정대협말고 조금 이야기가 통하는 지원단체가 있으면….

정대협하고도 사이가 안 좋아.

▷ 정대협하고 사이가 안 좋으니까, 안 소장하고는 얘기가 통하려나 했던 거예요. 그리고 지난번에 물어보니까 꼭 법적 해결을 생각하는 거 아니다, 그랬고. 근데 또 할머니 말씀대로라면, 그게 작은 돈도 아니고 20억씩 요구한다니까…. 아무튼, 그래도 저도 할머니를 좀 편하게 만나려면 안 소장하고 사이가 좋아져야, 저를 좀 신뢰해야 제가 편하게 거기에 갈 수가 있잖아요. 그래서 좀 기대하는데….

그런데 안 소장은 성이 안가거든, 안가. 안가하고 강가하고 최가하고는 족보에 있다고, 족보에. 말하지 말라고.

▷ 하하. 알았어요, 할머니. 그러면 특별히 기대를…

그것들은 이리 웃고 손님한테 저거해도 곤조가 아주 막 철저한 [불명]…. 15년간 이, 일본 사람 상대해도 일본어를 배우라 카면, [불명] 말도 안 해.

▷ 일본을 상대하려면 일본을 알아야지요.

ここの安はね(여기 안 소장은), 20억 받으라고… 할매들 뒤따라가면서….

▷ 그렇게 하면 해결이 안 되죠, 해결할 생각이 없는 거죠.

아이라, 해결하… 뭐… 돈은 받고 싶지. 돈은 받고 싶어도 腹가(맘속이)… 가만히 들어보면 나도 이 사람들 같이 살아보이까네(살아보니까) 참 얼매나(얼마나) 무서븐(무서운) 사람인지….

▷ 아, 그러시구나…. 할머니가 저보다 잘 아시겠죠. 오래 같이 계셨으니까.

알지.

▷ 할머니, 혹시 김문숙 관장님이라고 들어보신 적 있으세요? 부산에도 정대협이 있는데, 김문숙 회장님이라고 나이가 여든이 넘으셨고, 위안부 문제 해결운동 초기부터, 90년대부터 해왔던 분이 계세요. 일본에서 재판하는 분들 지원을 본인 재산 털어가면서 열심히 하시던 분이 계시는데, 그분은 저하고 생각이 비슷해요. 지원단체 중에는 유일하게, 제가 알기로는 서울 정대협을 비판적으로 얘기하시기도 하고요. 그런데 그동안 굉장히 고생하셨는데, 별로 주목을 못 받았어요. 서울의 정대협하고 '나눔의 집'만 나라 전체가 지원도 하고 주목도 하고 그래서 제가 좀 안타깝더라고요, 그래서 제가 이번 모임을 하게 되면 그분도 모셔서 그분 얘기도 사람들이 좀 듣게 하려고 해요. 지원단체도 여러 곳이 있고, 모든 지원단체가 꼭 다 정대협처럼 생각하는 건 아니다, 그런 얘기를 하실 것 같은데, 제일 중요한 건 위안부 할머니들, 본인들이시니까요. 아무튼 그런 목소리들이 나오는 게 중요하다고 생각해요.

부산 사람인데?

▷ 원래 출신은 어딘지 모르겠고, 지금은 부산에 계세요. 공부도 많이 하신 분인데, 서울에서 운동하던 분들에 비해서 너무 주목을 못 받고 고생을 많이 하셨더라고요. 아마 나중에 만나실 기회가 있을 거예요. 지난번에 회의할 때도 오셨길래 만났어요.

서울서?

▷ 네, 외교부에서 회의했었어요, 몇 달 전에. 그때 저도 갔더니, 그분도 오셨더라고요. 근데… 너무 오래 얘기하셔서 힘드시죠?

아니, 어디서… 이게 힘든 거보담도(거보다도), 밥 묵으라, 뭐라….

▷ 아, 그렇구나, 일찍 드시는군요. 아이고, 오래 기다리셨어요. 얼른 끊으시고, 가서 식사하세요. 할머니, 그러면….

아이(아니). 그, 저, 할 수 없이 나도 이제 밥을 묵으러….

▷ 드셔야죠, 기운 차리시고 밥 많이 드세요, 할머니.

아이. 밥 마이(많이) 들어가는 게 아이라(아니야). 그, 밥 먹는 입맛이 있어야…. 그 똑 떨어져가지고 뭘 먹어도 안 들어가고, 그래. ○○○이라고, 작년에 그것도 밥 못 먹고 缶詰(통조림), 영양 缶詰(통조림) 있는 거, 그거 코로 주욱 여(넣어)가지고 그러다가 두 달 만에 죽었잖아.

▷ 그러시면 안 되죠. 할머니, 초밥은 드세요, 요즘은?

여(여기) 온 사람한테 (말)해가지고….

▷ 가끔?

어쩌다가 오지. 매일 가져오는 것도 아니고.

▷ 저도 조만간 다시 한번 갈게요. 안 소장이 영 불편하긴 한데요, 저는. 저를 환영하지 않는 것처럼 보여서 불편하고, 제가 할머니하고 얘기를 하는 걸 감시하니까 참 쉽지가 않은데…. 그래도 조만간에 또 갈게요.

아이(아니), 아이(아니). 여기 오면, 여(여기) 와도, 내가 봐도, 아이고 오래간만이에요, 이카고(이러고).

▷ 모른 척하고?

모른 척하고.

▷ 다른 할머니하고 얘기하고?

아이, 아이, ○○○이하고도 저분 언제 한번 [불명]. 이 ○○○이도 말하자면, [불명]게 아니라, [불명] 우짜다가(어쩌다가) 알은(안) 사람인가 [불명]하지. [불명] 눈깔로 살피거든.

▷그러게요. 그렇게 경계를 하니까 좀 불편했는데, 하여튼 조만간에 다시 한번 갈게요.

네.

▷네, 전화드릴게요.

네.

▷네, 쉬세요.

네.

2014년 2월 11일 오전 11시 22분

증언

아주 막, 일본 사람을 그 좀… 정신, 옛날부터 [불명] 정신 있어노니까는, 그, 말을 해도, 안 한 것도 했다 카고(하고) [불명] 죽였다 카고. 전부 죽였다 카고. 덮어놓고 [불명]고 죽였다 카고. 그러는 다른 할머니도 무슨 얘기를 하는 건지, 위안부…, 뭐 [불명] 죽이고, 뭐 죽이고….

▷ 네, 엊그제 또 누가 저보고 '진실을 아느냐!', 그러면서 보내온 글이 있었는데요. 만화…, 그게 뭐냐 하면, 북한, 정옥순 할머니라는 분의 이야기를 만화로 그린 건데요. 옛날에 본 적은 있어요, 막 그냥 목을 치고….

만화, 그 가지고 불란서에서 했잖아.

▷ 아뇨. 그 만화말고 옛날부터 돌아다니는 건데요, 할머니들의 목을

치고… 옛날 소녀들의… 그다음에 국을 끓여먹었다는 둥, 너무 황당 무계한 얘기가 많아서요. 근데 대부분, 그렇게 좀 있을 수 없는 이야기를 한 분이 대개 북한 출신 할머니들이에요.[10] 그게 참….

어, 일본 사람들을 북한 사람들이 더….

▷ 네. 일본 사람들이 나쁜 짓도 많이 했지만, 그걸 정확히 지적을 해야 그쪽 사람들도 반성을 하고 할 텐데, 그렇게 있을 수 없는 얘기를 하면 또 반발만 생기니까요.

[중략: 조선 시대의 불교 박해 이야기]
그래가지고 일본이 또 이길라고, 또 이런 일 저런 일, [불명] 좋은 일 나쁜 일 했지, 했는데…, 우짜다가(어찌하다가) 아무 일 없다가 일본이 대동아(전쟁)에 져놓으니까네. 1941年から(1941년부터)… 그게 끝나고 김학순이가 急に(갑자기) 1992年度(1992년)에… 가가지고 오만(많은) 소리를 다 하고 전부 해가지고, 거기에다 그 죄에다가 또, 또, 더 얹어 가지고…, 그 죄에다 없고….

▷ 그러게요, 그래서 해결이 안 되는 거예요, 제 생각에는.

이랬다 저랬다 카고, 뭐 죽였다 카고. 여기 인자(이제) 지금 세 사람이 사는데, ○○○이, ○○○이…, 거 [불명] 어문만 좀 알지.

---

10) 이에 대해 와다 하루키 교수에게 의견을 물은 적이 있다. 와다 교수 역시 '당'의 개입 가능성을 언급했다.

▷ 지난번에 ○○○ 할머니하곤 얘길 못 해봤는데. ○○○ 할머니는 좀 알겠는데, ○○○ 할머니는 어떤 분이에요?

말 안 하고 차분해, 그이도. 근데 가가지고 얘기를 꺼낼라 카면, 전부 그런 얘기 막, 사람이 곁에서 들으면 기절초풍… 막, 平気に(아무렇지도 않게) 막, ….

▷ ○○○ 할머니도?

○○○ 할매도.

▷ 아, 그러시구나.

처음에는 [불명] 안 통하는 것같이 보이도(보여도)….

▷ 제일 순하게 보이시는 건 ○○○ 할머니시던데….

[불명] 보이지만, 그것도 돈 받을라고….

▷ 아….

요새 인자, 현금으로 돈이 들어가니까네, 막 집에 돈이 들어오니께….

▷ 그분들은 다 가족 여럿 있어요? 세 분 다?

어어. 있어, 있고, ○○○이도 거, 가족 다 있고, 뭐 돈 다 있지.
[중략: 할머니들이, 돈에 집착한다는 이야기]

▷ 네에….

말도 말라고. 돈에…. 그러고 또 한국은 돈 없으면 형제도 없잖아.[11]

▷ 맞아요.

돈 없으면 돈 없는 형제는 형제간하고 안 친하잖아.
[중략: '나눔의 집'에서 사는 할머니들에 관한 언급]
그러니까 내가 이승에서는 솔직히 돈엔… [불명] 저승이 있는데, 사람이 우쩨다가(어쩌다가) 전부 이래 돈에 미치(미쳐)가지고 이게….

▷ 네에….

저기 저 ○○○이도 ○○○이도 20억을 받아낸다이(받아낸다 하니), 이런, 전부 돈에, 돈에, 그 사람들 밤낮으로….
　저번에 손님이 왔는데, 동경서 明治大学の学生らが(메이지 대학 학생들이) 선생하고 二名が来たわけ(두 사람이 왔거든). 여(여기) 비디오 보고 중간에, 그거 보고 가는 길에 할머니들 얼굴 쫌 보고 가고 싶다고 해가지고…. 그래가지고, 사무실에 가이까네(가니까), 안 보여준다고 해

---

11) 돈에 대한 집착을 가족, 친척과의 유대관계 형성의 기반으로 간주한 배 할머니의 지적은 적확하다. 배 할머니는 20억 원을 원한 분을 비판하면서도, 그 이유 또한 이해하고 있었다.

가지고 [불명] 그 사람들 말 한마디 못 하고 눈물 흘리는….

관리

▷ 왜 할머니들을 못 만나게 했어요?

아이, 돈 안 준다고.[12]

▷ 아….

그게 그 손님 [불명] 싫다, 이기지(이거지).

▷ 일본, 만날 필요도 없다, 이런 거…?

어어. 만날 필요 없다.

▷ 어느 분이 그러셨어요?

아이라(아니), 그 사무실에서….

▷ 사무실에서? 그러면 요즘은 일본 사람들 오면 못 만나게 해요? 할머님들을…?

---

12) 방문객이 '나눔의 집'에 기부금을 내지 않았다는 뜻이거나 일본이 배상을 하지 않는다는 뜻인 듯하다.

아, (일본 사람을) 못 만나게 해. 작년에도 일본 国会(국회) 사람들 열여섯 명 왔는데, 방에 뛰(뛰어)들어오더니만도 커텐(커튼)을 첨에 치라 캐(해). 왜, 왜, 커텐을 치라 카는데(하는데), 여기 손님 있는데 커텐을 왜 치냐 카니(하니), 소장이 들어와가지고 커텐을 탁 쳐뿔고(쳐버리고), 문도 탁 잠가뿔고(잠가버리고) 해가지고, 저 허연 종이를 하나 가져오더니마는 전부 자기들이 (우리)이름 써가지고, 저 사람들이 보는 거 反對(반대)한다고….

▷아, 방 안을 보지 말란 이야기…?

어어, 그래가지고, 종이에다가 전부 이름을 쓰라 캐(해). (그래)가지고 내가 이름을 안 쓰고 끝판에 가만있으니까네, 배춘희는 왜 안 쓰느냐고. 이름 써가지고 뭐하는 기냐(거냐), 이카니까네(이러니까는), 아이, 다 쓰라고…, 그래서 [불명] 이름을 써라 그래, 그거를 [불명] 들어오는 데 거기다 떡 붙이(붙여)놓고, 할미들이 전부 당신들 안 만난다고.[13]

▷아….

어, 그래 이래가지고 [불명] 거 국회의원들 돌아가가지고… 그것도 말씀드렸잖아.[14]

---

13) '작년'인 2013년에 일본 국회의원들의 방문이 있었는지 여부는 확인되지 않으나, 2012년에는 국회의원이 방문했다.

14) 통화를 빠짐없이 녹음했던 건 아니라서 기억나지 않지만, 이전에도 같은 이야기를 하셨다는 취지인 듯하다. 이 통화조차 할머니 목소리는 원래 녹음에서는 거의 들리지 않아 복원 후에야 들을 수 있었던 내용이다.

104 일본군 위안부, 또 하나의 목소리

▷그게 언제 일이에요?

작년에, 작년에.

▷아니 왜 그렇게 하죠? 너무 할머님들을 마음대로 하는 것 같아요, 그 사무실에서….

그라고(그러고) 또 집 짓는다고, 집 짓는다고, 철도국에 그 사람 그 저번에 대구, 철도국, 그 대구에다가 배수로(?) 뭐, 이래 정부에서 [불명] 그 호텔 2층(?)… [불명]한 분, 여자분이 와가지고, 아이고, 이 할머니들 때문에 인자(이제) 이 집[불명] 호텔 지을라고…, 집을 지을라 카는데 돈이 모지랜다(모자란다) 캐가지고, 그, 그 기부 돌라고(달라고), [불명] 회사에서 가가지고 기부하고 掃除(청소)해주고 가고… 뭐, 이런 것도 많지. 근데 전부 할머니들 얼굴 팔아가지고 그 사람들 뭐 짓고… 할매들 죽고 나면 뭐 우리는 필요없잖아.

▷그러게요. 다 그런 건 아니겠지만, 하여튼 그런 것들이 좀 보여서 저도 참 착잡하네요. 저도 경험한 일이지만, 할머님들이 어떻게 생각하시든 생각은 각자 다를 텐데, 그걸 전부 사무실에서, 할머니들 목소리를 대변하는 게 아니라 자기들 목소리를…. 저도 실은, 이런 상황이 너무 오래 계속되는 게 많이 우려돼요. 아무튼 차차 또 얘기해요. 그런 험한 얘기들을 지금 당장하면 오히려 역효과가 날 테니, 일단은 좀 해결하는 방법을 생각하면서, (그것과) 병행하든가 아니면 나중에 하든가 해야 될 거 같고요.

아, 딴 사람들은 뭐 이래 가만히 눈치보만, 노망 들린 할매가, 할매 이래(이렇게) 있고…, 저짝에 뭐 눕은(누운) 할매도 있고, 오자마자 이쪽에 침대에 누워가지고… [불명].

▷ 네에, 의식이 확실하지 않은 분도 많이 계시잖아요.

어어. 이런 거 저런 거(이런 사람 저런 사람) 인자 여다(여기에다) 넣어놓고는. 이런 거 보이고(보여주면서), 아이고 우리가 이래 고생한다, 뭐… 집 짓는다고 돈…, 기부금 내놓으라 카잖아.

▷ 그러게 말이에요. 할머님들 방을 좀더 좋게 해주면 좋을 거 같은데….

손님, 요새는 손님도 없고. 그러고는 안 온다고.

▷ 그렇게 오지 말라 그러는데 누가 오겠어요. 한국 사람들은 좀 와요?

아이(아니). 한국 학생도 안 와.

▷ 아, 방학이라 그런가?

방학이고 뭐시고, 집에 [불명]모르지마는, 하여튼 안 온다고.

▷ 일본 사람들은 예전보다 많이 줄었죠?

일본 사람도… 아이고, 많이 줄었….

▷ 여기(나눔의 집) 사무실에서 잘못하고 있는 건 분명한데, 중요한 건 잘못… 그런 얘기를 해도… 지금 너무 힘이 세잖아요, 그 사람들이.

아이라. 지금 보니, 내가 가만히 생각해보면, 전부 이 여(여기) 사람들은 돈밖에 모르거든, 돈….

목소리

▷ 그래서 저는 언젠가는 그 얘기를 해야 한다고 생각해요. 근데 갑자기 하면 비난만 받고 끝나니까, 워낙 힘이 세니까, 시기를 좀 잘 생각해봐야 할 것 같고요. 시기뿐 아니라 함께해주고 할머님들을 응원하는, 할머님들 목소리를 들어주고 또 응원해주는 또다른 사람들이 필요하잖아요.

아이고, 지금 시대 사람은 옛날 아흔 살, 백 살 된 그런 사람들도 잘 모르는데. 옛날에 뭐뭐 있었고 중국에 뭐, 갔고 안 갔고…. 그건 관계없는 사람은 생전 모르잖아. 몰라노이께네(몰라놓으니까)….

▷ 네, 이대로 할머니들이 다 돌아가시고 나면, 사람들이 지금 믿고 있는 게 진실로 정착되잖아요.

어어.

▷ 그게 너무 걱정이에요. 그렇게 되면, 위안부 문제도 아마 일본이 아무것도 안 하고 끝났다, 그렇게 될 것이고요. 그러면 정말 한일관계도 치명적으로 나빠질 것이고…. 다만, 여러 번 말씀드리지만, 지금 갑자기 혼자 하면 할머니 말씀마따나 100만 대군에 한 명이니까요, 갑자기 말하면 비난만 받고 끝나니까 그래선 안 되고요, 이제 큰 목소리가 될 수 있도록 발판을 만들고 있으니까, 조금만 기다리세요.[15)]

아이, 그래서 나도 언제 죽을지… 자꾸 몸도 막 아프지… [불명] 오늘 어찔란지(어떻게 될지), 내일 어찔란지(어떻게 될지)….

▷ 할머니 같은 분이 목소리를 내시고, 할머니 같은 분들한테 더 사람들이 주목을 하고 그래야만 이 문제도 잘 해결이 되고, 그래야 할머니 자신도 편하시고, 할머니 자신도 편하실 뿐만 아니라….

딴 사람들은 가만히 보면, 그때를 모르거든. 모르니까 전부 뭐, 그놈들 돈 안 주나, 말 자꾸 이래(이렇게)밖에 안 하잖아.

▷ 그렇게 해서는 정말 점점 악화될 뿐이라….

사람이, 누구나 돈 필요없는 사람이 어딨어? 나도 돈 주면 뭐 다 [불명]지. 그렇지마는, 사람이 한번 태어나가지고 진실을 안 살고, 우찌다가(어쩌다가), 나도 [불명]되고 나도 똑같이 돼가지고 힘들고. 딴 사람 보면.

---

15) 전년도 말부터 나는 이런 목소리를 내보내야 한다는 생각으로 일본학 학자들과 주일특파원 경험이 있는 언론인들 몇 명과 논의 중이었다.

▷ 답답하시죠? 스트레스 받으시고. 이게 아닌데 싶으시니까….

나는 절대 저기, 거짓말은….

▷ 네, 할머니하고 저하고 비슷한 게 그거예요. 저도, 그냥 생각을, 그저 이건 아니다, 하고 말하니까, 딴 얘기만 믿었던 사람들이 뭐라 그러지만, 언젠가는 바뀔 수 있을 거라고 믿어요. 지금, 조금씩, 조금씩… 동의해주는 사람이 있고, 동의하면서도 겁이 나서 말을 못 하는 사람도 많고요.

이거는 참, 가만히 보면 부처님도 기가 찰 상황….

▷ 그러니까요.

그 시기를 모르지, 그 일을 뭐, 따라댕기믄서(다니면서) 뭐 딱 봤는(본) 것도 아니고 [불명]…, 어디 있다 [불명] 봤는 것도 못 했는데 [불명] 어떻게 [불명]…. 그런데 전부 인자 자꾸 이런 이야기를 해놨네. 내 속으로는 나는 언제 죽어도 뭐, 괜찮으니께… [불명] 거, 이 사람들이 전에 (조선시대) 500년 (동안) 스님들을 구박하듯이, 그렇게 (일본을) 구박을 하고. 그렇게 거 참, 踏んだり蹴ったり(밟고 차고) 하면서… 결국 조선이 망해가지고 저기 있는 일본 사람들이 (조선을) 묵었잖아. 각 나라 사람들이 묵어도 얼마든지 묵을 수가 있었는데, 그걸 말하자면 일본 사람들이 다 도와줘가지고… ガスや(가스나), 뭐 전기다, 뭐 기차다, 뭐 그런 거 해가지고 [불명]시키고 뭐 해가지고 인자 여까지 왔는데, 뭐 나쁜 일도 물론 있….

▷ 네. 기본적으로 좋은 일은 아니지만, 그 나쁜 일을 정확히 비판해야 그 사람들도 반성하고 알아듣고, 제대로 사죄하고 용서하고… 이게 가능해지는데, 그게 자꾸 엇갈리고 그러니까 더 안 되는 거라고 저도 생각하거든요.

[불명] 저런 허튼(?)짓 안 했는 기(한 것이), [불명]해내나 싶은 게….

▷ 이번에 프랑스 만화제에 그림 그린 만화가들이 굉장히 많은데, 그 중에 대표를 한 사람의 그림을 보니까….

텔레비전, 텔레비전에 나오데….

▷ 아, 그래요? 이현세 교수라고 나왔어요?

여자 하나하고.

▷ 아, 여자…. 아무튼, 제가 본 그림은… 그중에 이제 위원장이라고, 그 중심에 있었던 사람의 그림인데, 사무라이 갑옷을 입은 사람이 막 뒤로 나자빠져 있고 그 사람을 댕기머리 소녀가 칼로 막 찌르고 이러는 그림이에요. 씌어 있는 내용이, '나 열세 살에 잡혀갔는데…' 하는 거고, 마지막에는 또 '누구 피를 마시려고 이러느냐', 그런 내용….

그게 [불명], 누가 무슨, 뭐 이상한 증언을 했길래, 그거를 만화를 맹글었지(만들었지).

▷ 네, 그런 걸 바탕으로 한 거긴 한데, 그걸 그대로 받아들이는 경향이 있으니 답답하죠.

폭력의 기억

우리가, 우리들이 중국 있을 때도, 중국 있을 때도 군대 밑에 軍属(군속)들 있잖아, 軍属(군속)들도 이 트럭을 타고, 이제는 요새는 世の中(세상이) 발전이 돼가지고, 참 이래(이렇게) 한국이나 중국이나 이북이나 발전돼가지고 뭐, 길도 생기고 뭐도 했지만, 옛날에는 그 첩첩, 시베리아 그 첩첩산중에 그 왜 혁명가들이, 한국 혁명가도 있고, 중국 혁명가도 있고, 인자(이제) 자기 나라 통일을 위해서 그런 사람들이, 도청해갖고 그 중국 산속에… 그걸 모르고 인자 (일본) 군대들이 길을 잘못 들어서면, [불명]들이 그 길로 가거든. 그 길로 가면 인자 그 사람들한테 붙들리는 기라, 지하공작하는 [불명]들한테…. 그래 붙들리면 한국말을 해도 못 알아들어.[16]

▷ 네.

이 새끼(?) 인제 일본 군속이 보라고 하고, 거(거기)서 모가지 붙들어매서 잡아 끄잡어(끄집어)내…. 옷 싹 다 벳기(벗겨)가지고 모가지만 내놓고 땅에다 파묻어버려. 파묻으믄 한 일주일 되면 눈도 새가 와서 눈도 빼묵고(파먹고)….

---

16) 위안부와 일본군 간의 '폭력'에 관한 이야기를 하고 있었는데, 배 할머니는 갑자기 전혀 다른 이들 간의 '폭력의 기억'을 풀어놓기 시작했다.

▷아⋯. 할머니, 그거 보신 적 있어요?

보신 적 있지, 우리 중국에 있을 때 그건 많이⋯.

▷아, 어떡해.

그렇게 하고, 인제 그, 그 군인들은, 뭐라, 저, 저 여자들⋯ 밤잠 자고 갈 군인들이 있잖아, 밤잠⋯. 그냥 보통 군인들⋯, 아이고 士官将校(사관장교), 높은⋯ 뭐, 소위, 중위, 높은 사람들이면 밤잠을 잘 때가 있거든⋯.

▷아, 누구 왔구나, 할머니. 나중에 전화할까요? 괜찮아요?

그래, 아이(아니), 밥, 점심 먹으라 하는 소리라.

▷네. 다들 나갔어요?

어, 그래가지고 그 사람들이 밤잠 자고 아침 되면 밑에 군인들(의) 눈에 띄면 안 된다고, 지금으로 보면 밤잠 자고 새벽이 되면 딱, 해가지고 가잖아.[17] 옛날에, 그 논뚜물(논두렁 물)이 있으면, 논뚜물이 있어. 그런 사람들이 뒤에 감시하러, 군인들 감시하러 저(저기) 걸어가거든. 그런 사람들이 있으면, 거(거기) 있으면, 모두 인제 거(그) 지하공작하고 그런 사람들이 숨어 있다가, 그, 저 길가에 밖이나 어디 숨어 있다가, 군인들, 군인들 복부를 칼로 찔러 죽이잖아. 그래 돼가지고 보면,

---

17) 사병들은 낮에 짧은 시간밖에 이용하지 못했지만, 장교는 위안부와 밤시간을 함께 보낼 수 있었다.

거가(거기가) [불명] 내보면, 엊그제 어느 소위가 칼에 맞아가지고, 다인자 그 불에 태아(태워)갖고…[18] 담아가지고 하얀 띠를 해가지고 목에 이케(이렇게) 매고, 역전에 서가(서서) 있잖아.[19] 물을 마시던 군인이… 가가(그가) 칼에 찔리(찔려) 죽었다고. 그런 사람들 많잖아.[20]

▷ 그렇죠, 그랬겠죠.

그 사람들은 그 사람들대로, 군인 돌다보면 저기 제정, 그것도 제정 시대잖아, 그때도 [불명]이 [불명] 인부들은 그 [불명] 친구가 [불명] 가지고 [불명] 가잖아. [불명]고 여러… 잔 것도 많애. 우리가 이런 것도 알고 저런 것도 알고 있지만, 그치만 이 사람들이 조금 [불명] 뭐, 이(이것을) 가지고 있는 사람들이 [불명] 그런 정신적으로 말하는데 뭐 김… 가(그 사람) 나오고 옛날 그 [불명] 사람들 이름도 나오고, ○○○이도 중국에 있었으니까네 [불명]거든. [불명] 우리끼리 [불명]니깐 [불명]불라고….

▷ 아, 참 너무 어려운 문제예요. 그러면 결국 '나눔의 집'에서는 할머니말고는 할머니(와) 비슷하게 생각하는 분이 없다고 봐야 되네요.

[불명] 안 하지.

---

18) 화장을 말한다.

19) 군인이 죽으면 화장해서 유골함에 넣어 고향으로 보냈다. 그것을 위한 의식을 설명하는 듯하다.

20) 이 이야기는 들리지 않는 부분이 많아 의미를 정확하게 파악하기 어렵다. "군속"한 테 들은 이야기이거나 위안부들이 "(준)군속"으로서 트럭을 타고 가다가(오지로 이른바 "출장"을 나가는 경우는 많았다) 목격한 이야기로 추정할 수 있는데, 직접 보았다는 말, 그리고 "이런 것도 알고 저런 것도 알고 있"다는 말로 미루어 후자일 가능성이 높아 보인다.

아시아여성기금

▷ 그래도 이제, 한 번쯤은…. 이번 주에 혹시, 지난번에 우스키 상[21] 오지 않았어요? 왔죠, 우스키 상? 만나셨어요?

저번에. 아, 나흗날 전에도.

▷ 왔었죠? 할머니도 만나셨어요? 얘기도 하셨어요?

나는 그 사람한테 돈 받은 적도 없고….

▷ 아… 그렇군요.

○○○한테로 오니깐 (○○○이) 이 집으로 들어와서, 이 집으로 오게 됐지.

▷ 네. 한 두 분인가 소개했다고 그러던데요, '나눔의 집'에.

아니, 그건 몰라도, 그래서 안 기(것이), 뭐 그때 뭐 돈 5000만 원도 받고 뭐 했는… 나는 모르겠고….

---

21) 우스키 게이코臼杵敬子. 1990년에 '일본의 전쟁책임을 명확히 하는 모임'을 만들어 활동했고, 위안부 할머니들을 포함한 일제 강점기 피해자들이 일본에서 일으킨 재판을 지원했다. 아시아여성기금 해산 이후 일본 정부의 예산으로 위안부 할머니들을 1년에 수회 찾아가 의료 지원을 하고 온천으로 모시고 가거나 용돈을 전달하는 등 보살피는 일을 했던 활동가이자 저널리스트로, 2020년 6월, 자신이 위안부 할머니들을 30년 동안 지원해오면서 보고 느꼈던 것에 대해 발표했다(https://bunshun.jp/articles/-/39016).

▷네.

그 사람들 사정은(?) 인제 여섯 명인데….[22]

▷예, 일곱 명. 일곱 명, 할머니. 맨 처음에 일곱 명이고 지금 60명이 넘어요.

아이라. 그거말고. 딴 데 있는 사람말고 저, 이 집(에) 있는 사람….

▷아, 거기 계신 분들 중에….

여섯이 받았는데….

▷아, 그래요? 거기 계신 분 중에 여섯 명이 받았다고요?

받았는데, 다 죽고….

▷아….

다 죽고, 그 ○○….

▷아, ○○○ 할머니. ○○○ 할머니하고는 대화하세요?

뭐든, 집에선 뭐….

22) 아시아여성기금의 보상금을 수령한 '나눔의 집' 거주자 수.

▷사실은 ○○○ 할머니도… 저 조만간에 한번 가서 같이 또 뵐게요. ○○○ 할머니는 어떻게 생각하시는지….

친하고 안 친하고는… 고향이 이북 사람이고.

▷그분도 가족이 있어요?

가족이 있는데. 여동생이 둘 있었는데, 여동생. 아래 고(그) 가운데 것(동생) 죽고, 또 제일, 맨 밑에 거(동생)는 (죽은 지) 한 5년 된 모양이지.

▷아, 네.

○○○가 삼형제 여잔데, ○○○만 살아 있고.

▷그러시구나. 조카들이 있겠네요.

다 죽고….

▷본인 가족은 없으시고…?

어어, 뭐이, 즈그(자기) 동생 가족은 있겠지.

▷본인 가족은 없는 거네요. 그러면 그 동생 가족이 가끔 찾아와요?

안 찾아와.

▷안 찾아와요?

이전에… 3년 전엔가 한 번 쓱, 왔다가 가고 [불명]고 인자(이제) 두 달 됐나 싶다대.

▷아, 그렇군요. 제 생각엔, 가족이 있고 없고에 따라서도 할머님들 생각이 많이 다를 것 같아요. 가족이 있으면 아무래도 그 사람들 돈을 주고 싶기도 할 거고….

아이(아니), 아이. 가족이 있고 없고, 아무리 [불명]한 돈이라도 [불명] 복장(마음/생각)은 사람이 정직하게 나가야지. 돈, 돈, 돈… 돈도 좋지만….

▷할머니, 하여튼 저는 할머니 목소리를 꼭 좀 나중에 다른 사람들도 듣게 하고 싶으니까, 그때 꼭 함께하세요.

아이(아니). 내 이름 낼 필요도 없고, 내 이름 그(거기) 낼 필요도…. 안 그런 것 같으면… 한 귀는 이 사람들이 동쪽으로 向いて行くのに(향해 가는 거니)[불명]….

▷아니요. 제가 나중에 뵈었을 때, 어떻게 할 건지, 나중에라도 다시 설명을 드릴게요. 그렇게 할머니한테 피해 가게는 절대로 안 할 거고…. 지금 여러 사람이 도우려 하고 있으니까요. 그렇게 해야 이, 지금 문제적인 상황이 바뀔 수 있어요. 무엇보다도 할머니가 목소리를 내시면 일본 사람들이 (위안부 문제에 대한) 인상이 확 달라질 거예요. 저런 분도 계시다, 하고 존경할 거고….

아이고, 그게….

▷그런 게 지금 상황을 바꾸는 데에 (큰) 도움이 될 거예요. 전 정말
그렇게 믿거든요.

두려움

아이(아니). 그런 상황도 그쪽은 이 사람들이 모이지마는, 이쪽은 내
가… 또, 敵にみられる(적 취급을 당한다고).

▷알아요, 무슨 말씀인지. 무슨 얘긴지 알고요. 그렇게 단순히 일방적
으로 당하지 않도록 상황을 잘 만들어놓고서 그렇게 한다는 거예요.
걱정하지 마세요. 그렇게 되지 않도록 그렇게 같이할 수 있는 사람들
도 많이 모으고…[23]

그리고 여(여기) 사무실에 있는 소장도, 소장도 이북 사람이고….

▷아, 소장. 그런 거 같아요. 저도 최근에 들었는데, 소장이, 좀 나쁘게
가는 거 같은 얘기 저도 들었….[전화 끊김]

---

[23] 이로부터 두 달 후에 심포지엄 〈위안부 문제, 제3의 목소리〉를 열었다.

2014년 3월 6일 오후 2시 4분

병

난, 또 이 감기 들어가지고….

▷그러게요.

그러니까네, 그… 나도, 지금 말은 안 하지, 쫌 뭐, 뭔가 좀 묻고 싶은 상황이 되지마는, 돈… 하나마나 다 싫고….

▷네, 돈이 문제가 아니잖아요.

응. 나도 오늘내일 무신(무슨) 일이 나는 거 아닌가 싶고….

▷에이, 그러시면 안 돼요, 할머니.

안 되지. 하지만 아프고 싶어서 아픈가?

▷ 그러게 말이에요. 할머니한테 뭐 아무것도 해드릴 수가 없어서 너무 마음이 아프네요….

아이(아니), 뭐.
[중략: 다른 사람의 방문 이야기]

▷ 식사, 어떻게 해주고 있어요, 거기서?

식사는, 여기 식사는 못 먹는다고.

▷ 아, 네….

몸 성할 때도 [불명] 식사는 못 하고 있는데….

▷ 입맛도 없을 텐데, 식사라도 잘 하셔야 되는데….

지금 방 안에 여 있어도 막 지금 마(마구) 등드리가 막 찹고(등이 막 춥고)….

▷ 추워요?

어어. 내가 볼 땐 우풍(외풍)이 심한 방이라서….

▷ 전기담요 같은 거 없어요?

그런 거는, 이 이불도, 뜨거우면 내가 몸이 약해노니까 내 몸이 무거워가지고 못 이겨낸다고. 그니까 보통 무슨 일 있는 거 같으면, 내가 아이고, 카고, 막, 지금 그래도 力を出そうと(힘을 내려고) 하지마는, 어제도 아레도 뭐, 물만 마시고 바깥에 있는 걸 하나 마시고 이래(이렇게) 앉았는데….

▷ 아니, 식사도 못 하셨을 거 아네요?

그래. 인제 밥도 뭐 씹어 먹을 수가 없어. 죽인지 뭔지 가져다놔도 냄새도 모리고(모르고), 뭔지도 모리고….

▷ 아이고, 어떡하지, 아….

어찌게(어떻게) 하면 밤에 지금 [불명]하다고….

▷ 아이고, 그러시구나.

[불명] 휴대폰… 이… 집어떤지고(던지고). 밤에 ○○, 가가지고 [불명]….

▷ 네, 그러신가 봐요. 그래서 전화, 할머니가 전화 안 받으시면 불안하더라고요. 그러면 할머니 말씀하시는 것도 힘들 테니까 일단 쉬시고요, 제가 내일 토요일은 못 가지만 일요일에 갈 수 있으면, 제가 몸

이 좀 나아지면 저도 가볼게요, 할머니. 그때 뭐 드시고 싶은지 여쭤 볼게요.

아니, 지금 뭐 그때고 이때고, 이제 것도 죽인지 뭔지, 가져오는 것도 인자 그만하면 좋겠다 카는….

▷아, 할머니, 마음이 제일 중요해요. 그냥 그만하면 좋겠다, 이러면 진짜 기력이 빠진다고 그러더라고요.

나도 지금 인자 내 몸도 이래 [불명]돼가지고….

▷약은 드시고 계세요?

약? 약, 약이 없고, [불명] 거(거기) 갔어.

▷아… 아니, 병원에서 약 안 줬어요?

병원이 감기약 좀 주는 거… 감기약 주고도 맨입에 전부 묵고(먹고) 있게 되니… 감기약, 약은 독하고 뭘 먹고 묵어야 되는데, 감기약 묵 고 이러니까네, 더, 더 자꾸 가라앉아가지고…, 그렇다 캐가지고 여기 있는 사람들… 뭐 봐주는 사람이고 뭐시고, 그런 사람들도 또, 또… 저 그래서 그런지 그렇게 안 친하고, 안 친하고, 이렇게 아이고, 세상 은 다 싫다….

▷아이고, 참 어떡해요, 할머니. 제가 말만 하고 아무것도 못 해드려

서 너무 죄송해요. 그래도 저, 할머니 생각하는 마음 있는 건 아시죠?

그, 인자, 그 얘기도…, 인자, 저….[24] 여(여기) 와도 내가 인자, 힘도 없고….

▷ 아니요, 그런 이야기는 중요하지 않고요, 일단 할머니 건강하셔야죠. 그건 나중 얘기죠. 사람이 일단 건강한 게 제일이고요, 그건 나중 얘기예요, 할머니. 그런 건 신경 안 쓰셔도 돼요. 일단은 좀 건강하게, 편안하셔야 하니까….

손님 만나도(?) 저 우째 해야지, 카는데…, 이 집도 요새 집구석 돌아가는 거 보면 [불명]….

▷ 그러게요.

내일 손님, 내일인지 모렌지, 나도 못 가지 싶어.

▷ 할머니, 내일은 그럼 들르지 마라, 그럴게요. 혹시 힘드시면… 사람 만나는 거 힘드시니까 내일은, 그 사람들은 또 할머니랑 늘 얘기한 것도 아니니까 그냥 놔두라고 하고요. 제가 하여튼 일요일에는 갈 수 있도록 할게요. 그전에 전화 또 드릴게요. 전화는 받을 수 있으면 받으세요. 아니면 제가 너무 걱정이 되니까. 그리고 제가 갈 때 전기담요 하나 사갖고 갈까요?

---

24) 나에게 해야 할 이야기를 다 했다는 뜻인 듯하다.

추위

아이고, 저… 밑엔 전기 들어와도 우에(위)가 우풍(외풍)이 되서(심해서) 문제지.

▷ 그래도 바닥이 따뜻하면 좀 따뜻한 거 아닌가? 이불이 안 따뜻해요?

침대에서 자고 있는(있기) 따문에(때문에)…. 침대는 쪼매(조금) 뜨시갖고(뜨거워서)….

▷ 아, 침대가 뜨거워요?

응. 이불은 짧아서 얼굴도 못 내놓지 뭐. 한데서(밖에서) 자는 거맨키로(것처럼) 바람이 오카고(오고) 인자, 막….

▷ 아니, 왜 난방을 그렇게 충분히 안 해주나…?

아니. 그 집으로(집을) 난방하기는 했지. 하긴 했는데, 내가 인자 [불명] 수가 없어가지고….

▷ 할머니, 어떻게 그 외풍…, 그걸 고쳐달라고 제가 얘길 할까요?

그거는 이야기해도 못 하고(못 고치고), 5년이나 10년이나….

▷ 금방 안 된단 말이죠? 아니에요.

북쪽으로 잘못 맨들었는(만든) 창이라서….

▷ 그래도, 임시방편이라도 어떻게 해야죠. 그걸 할머니가 얘기를 했는데도 아무것도 안 하고 있다는 건 말이 안 되고요….

아이(아니). 말해도… 아이고….

▷ 제가 이번에 가면 얘기할게요. 싫어하겠지만….

아이, 아냐. 그거는 얘기를 하면 속으로는 욕을 한다고.

▷ 그러긴 하겠지만 해결이 돼야죠.

해결됐어야… 인자, 뭐 인자, 한 달 두 달 있으면 봄이 온다 카고, 뭐, (그 사람들을) 못 이기(이겨)낸다고….

▷ 아니, 그렇게 얘기해요? 춥다 그러면 금방 봄 올 거라고?

아이고, 그러니께네(그러니까), 그냥 시키는 대로… 그니깐 이래저래 보이지마는, 얼른 말하면 怪しいところ(수상한 곳)이지….

▷ 네. 무슨 얘긴지 알겠어요.

친절하게 하는 것 같애도(같아도), 그 사람들도 또, 그 사람들 뭐, 또 무슨, 속으로는 다른 사람이잖아, 그 인제… 말 하나마나….

▷참 쉽지 않네요. 그런 걸 저도 옛날엔 몰랐는데 이제 조금씩 알게 됐으니까…. 사실은 할머님들 중심으로, 할머니가 먼저고 지원단체가 있는 거잖아요. 그러니까 할머니들이 이렇게 힘들게….

그리고 그, 그야말로 敵は百万、こちらは一人(적은 100만, 이쪽은 혼자고), 그뿐이지, 그것만 알면 되지.

▷그래도, 그렇게는… 저는 하여튼….

[불명]고 [불명]고…. 오늘도, 가만히 보이까네, 한 四人くらい(네 명 정도)….

▷누가 왔어요?

어. 와서 갔는데… 그 사람들한테 돈, 빨리 해돌라카믄서(해달라면서) お願い(부탁)…, 그런, 배상 얘기뿐이라….

▷누가 왔었는데요?

그 손님들한테 얘기했겠지. 죽으나 사나 그, 뭐, 그것밖에 바라는 게 없고) 願いがない(그것밖에 바라는 게 없다고)….

▷ 그러게요. 그래도 저는 할머님들 다르게 생각하는 분들 계시다는 거 알고 있고… 그 담에 지원단체도… 전에 말씀드렸지요? 부산에는 다르게 생각하는 지원단체 분도 계세요. 그분도 여든이 넘은 분인데, 그래서 그런 목소리를 앞으로 낼 계획을 지금 하고 있거든요. 아마 한 달 정도 후에 할 거 같은데, 조금만 더, 할머니 건강하게 기다리세요, 할머니 살아계실 때 편안하게 다 좀, 잘 해결되고 그러는 걸 원하시잖아요.

아이고, 여기는, 내가 말하는 대로, 여기는, 이래저래 말해도 通じない, 通らんし 聞いてないし(통하지 않고 듣지도 않아). 겉으로는 何をいうかしらんけど(무슨 소리 하는지 몰라도)….

▷ 그러니까요, 근데 그걸 밖에선 모르기 때문에 그런 일이 계속 이어지는 거니까. 하여튼 그걸 제가 잘 알려볼게요, 할머니. 조금만 더 기다려보세요. 그리고 할머니 건강하셔야지, 저는 할머니 건강하실 때 이 문제가 잘 해결돼서 좀 편안하신 걸 보고 싶거든요.

아니, 해결… 나도… 내가, 오늘 죽을란지(죽을는지) 낼 죽을란지(죽을는지)….

▷ 그러니까요. 일단 할머니가 건강하게 좀 계셔야 되고요, 오늘은….

안 죽을라고 인자 일(어)나가지고 [불명]가 있는 거 쪄오는 거(?)….

▷ 드세요, 할머니, 일단은. 뭐 드시고 싶은 거 있으세요? 보낼 수 있는

거 있으면 제가 보낼게요.

지금은 없어.

▷ 지금은? 그러면 제가 일요일 날 가면서 뭔가 사갖고 갈게요, 그때…. 일단 많이 좀 드세요, 할머니.

아니, 안 된다고.

▷ 뭐가요?

그런 걸 사갖고 와도 목구멍이 [불명] 못 묵고….

▷ 뭘 드실 수 있을까…? 저도 한번 생각해볼게요. 뭐 같으면 좀 드실 수 있을지…?

[불명]

▷ 그래도 뭔가 드셔야 하니, 저도 한번 생각해볼게요. 뭐면 드실 수 있을지…?

힘은 안 들지(?). 저번에도 ○○○이가 나한테 묻지도 안 하고 파인애플 사갖고 와가지고….

▷ 왜요? 못 드신다고요?

아무것도 못 먹잖아.

▷ 그러게요. 할머니 뭐 드실 수 있을지 제가 좀 연구해볼게요.

아이래(아니야). 그 연구하기보담도… 그런 건 지금 안 해도 돼요.

▷ 그래도 할머니가 쪼끔이라도 챙겨 드셔야죠. 할머니, 오늘은 어떤 할머니가 저한테 전화해가지고, 일본에서 미운 소리 했다면서 막 가스통 들고 던지고 싶다고, 막 그러시더라고요. 폭파시키고 싶다고. 그 래서 할머니 생각이 또 났어요.

아이고, 그니께, 뭐 [불명] 우째, [불명]….

▷ 그러면서 당장 저보고 할머니들을 데리고 그 수상 앞으로 가라고, 막 그렇게 얘기를 하셔서, 제가 좀 난감했어요. 그래서….

뭐, 또, 쫌….

▷ 가서 핵폭발시키고 싶다고 막 그러시고…. 미움이 가득하셔가지 고….

거, 인자 누구 말마따나 몸이 건강해야지, 이것도 저것도 해야지만, 몸이 아프고 그래노니께네.

▷ 다 귀찮으시죠?

다 귀찮아.

▷ 예, 그럼요. 할머니, 일단은 잊어버리시고요. 할머니, 저 때문에 또 마음 불편하실라. 일단 좀 푹 쉬세요. 일단 좀 푹 쉬시고, 가끔 제가 전화드릴 테니까 전화는 받으실 수 있으면 받으세요. 그것도 귀찮으면 받지 않으셔도 좋은데요, 걱정되니까….

뭐… 그럼, 그렇다면 내가 뭐 나도 바깥(홀)은 따뜻….

▷ 아, 바깥은 따뜻하구나.

나도 나갈까 뭐… 이카다가(이러다가)….

▷ 아, 그러셨구나. 그러면 따뜻한 데에, 낮에는 좀 나가 계시고…. 방이 따뜻해야 되는데….

아니, 이… 밤에는 어깨가 막… 죽겄어(죽겠어). [불명] 힘을 못 [불명] 어, 손님도 가고 없고….

▷ 네, 제가 그거 좀 누구 얘기할 수 있는 사람이 있는지, 생각 좀 해볼게요.

응.

▷ 하여튼 일단 좀 따뜻한 데에 가 계시고요, 제가 다시 연락드릴게

요, 할머니!

응.

▷ 다시 연락드릴게요.

응.

▷ 네, 기운 차리세요, 연락드릴게요.

네.

2014년 3월 7일 오후 4시 30분

호소

아니, 그게 아니고, 내가 오늘 밤에 어찌(어떻게) 될란지(될는지). 살아 있을란지(있을는지)….

▷ 아이, 왜 그러세요, 할머니.

아니, 그게… 몸이 자꾸… 혈액순환이 안 돌잖아(안 되잖아), 내가. 그래서 몸이 마디마디 춥고, 혈관이 마디마디 자꾸 피가 안 도는 게 확실하고….

▷ 병원에 가실 거예요?

병원에 가도, 見込み(가망) 없지 싶어.

▷ 아이, 아니죠. 일단은 병원에 가셔야죠, 불편하시면.

아이(아니), 안 되고. 이 자리에서, 따뜻한 방에서 살았으면 하는, 그게 원이고….

▷ 할머니, 병원 가시기 싫다는 말씀이네요.

어디에서 죽어도 죽는 건 매일반(마찬가지)이지.

▷ 근데, 할머니. 일요일 아니라 월요일이라는 건 무슨 말씀이세요?

정대협에서는… 할머니들 돌아가시면, 정대협에서 다 알거든. 그런 때문에 정대협에 전화를 걸어보든지, 여기 사무실에 전화를 걸어보든지….

▷ 할머니, 그렇게 말씀하시면 안 되고, 오늘은 이미 안 되고, 내일은….

아니, [불명] 여기 내가 인제 누구 말마따나 없어져야지, 이 방이 그렇게 추웠구나, 그렇게 몸이 안 되었구나 하고…. 지금 그 주사 맞는 게 그게, 予防(예방)주사가 있잖아, 감기에. 주사 맞을 때도, 이게 맞는 게 아닌데 싶어가지고, 맞자마자 추운 방에 있으니까는 (피가) 안 돌아가지고 몸이 자꾸 차가워지고… 그러니까, 응… 어디 따뜻한 방에라도 참….

▷ 네, 그게 좋을 거 같네요. 제가 방법을 한번 생각해볼게요.

아니야, 그것도 싫고….

▷ 왜요? 따뜻한 데 계시고 싶으시잖아요. 그 안에는 그렇게 따뜻하게 쉴 수 있는 방이 없는 거잖아요. 제가 한번 방법을 생각해보구요, 다시 연락을 드릴게요.

다시 연락해도, 얘기해도 똑같고…. 자는 잠에(잘 때) この世を去りたいわ(세상 떠나고 싶어).

▷ 아이, 그렇게 얘기하시면 안 되고요, 할머니. 그러면요, 제가… 조금만 기다리세요, 병도 병이지만, 따뜻한 데 계시는 게 제일 시급할 것 같고요, 방법을 조금 생각해보고 연락을 드리든지 가볍든지 그럴게요. 누구한테 얘기는 하셨어요?

얘기는 안 했지마는, 얘기할 필요도 없고. 전화도 안 할라 카다가….

▷ 아니에요. 고마워요, 할머니. 전화 넣어주셔서 감사하고요, 제가 방법을 좀 생각해보고 찾아갈게요, 할머니.

기다릴 時間이 없다(시간이 없어). 내가 전화 안 받으면 그런 줄 알아.

▷ 할머니, 제가 그러면 오늘 밤 약속 취소하고 갈까요?

취소하고 여기 와도… 怪しむだけで(수상하게 여길 뿐이라고), 와도 안 되고….

▷제 생각엔 그냥 가는 것보단 할머니를 모시고 나올 수 있어야 할 것 같아요….

아니, 이젠 나가지도 들어오지도 못해.

▷그래도 어디 따뜻한 데 계시면 좋잖아요.

나도… 시간문제….

▷그러니까 어디 따뜻한 데 계시거나, 병원에 가시거나 둘 중 하나가 좋을 것 같아요.

아이(아니). 나는 이것도 싫고 저것도 싫고….

▷할머니가 지금 아프시니까 모든 게 귀찮으시겠지만….

귀찮지만, 지금, 시간문제고, 밥도 안 먹고….

▷기운이 없으시니까, 그러니까 식사를 못 하시는 걸 텐데. 그러면 링거라도 맞으셔야죠.

그것도 어제아레 해봤어.

▷ 링거 맞아보셨어요? 근데 기운이 없나요?

그래도 그 이튿날 내가 아픈데….

▷ 아, 그런 게 별로 안 좋았군요.

링거가 안 좋다기보다, 독감기가 걸렸다고. 다른 사람들은 주사 맞아도 혈관이 잘 돌아가니까, 주사를 맞아도 하나 앞에 두 번씩 세 번씩 맞더라고. 나도 괜찮을 줄 알았는데, 주사 맞고 점점 더, 혈관이 더 안 돌아가는 것 같아.

▷ 아, 그 주사가 (할머니 몸에) 안 맞았을 수도 있겠네요.

응. 그래서 내가 그거 맞는 걸 오늘날까지 한 번도 안 맞아봤거든. 내가 간호부한테 몸이 안 좋으니까 좀 놔달라고 했어.

▷ 병원에 입원하시면 안 될까요?

아니, 입원이고 뭣이고, 인자 오늘 저녁을 넘길랑가, 못 넘길랑가… 지금, 내가 눕은 자리에 바람이 막 들어와가지고 막 춥거든.

▷ 할머니, 제 생각에는, 거기서 나오셔서 병원을 가시거나 다른 데 가시거나, 둘 중 하나가 좋을 것 같아요. 그걸… 제가 해드릴 수 있어요.

내가 지금 시간도 없고, 그렇게 기다릴 시간도 없지 싶은데….

▷아니에요. 그러면 제가 좀 생각을 해보고 바로 연락을 드릴게요. 일단, 그 근처 병원, 어디 계셨었어요?

여긴 병원에 가도, 다 멀어. 한 시간이나 가야… 아산병원에 가면 한 시간은 걸려야 하고….

▷서울아산병원? 서울아산병원에 보통 가세요?

그때 수술할 때… (갔지).

▷서울아산병원이면 아는데…. 거기서 하면 무슨 면제 같은 게 있어요?

병원에 가도… 이 몸 같으면(?) 차가워가지고… 막 지금, 자꾸 막, 내 마음으로는 안 돌고 그러니까….

▷몸이 차가운 거 같으세요, 할머니?

차가운 거보다도… 막, 차가워가지고 덜덜 떨리고 막, 아무것도… 待つのも嫌だし (기다리는 것도 싫고)….

▷그러면 제가 조금만 여기 일 처리해놓고 오늘 밤에 가볼게요.

아니아니. 전화하는 것도 안 받을 기라(거야), 그냥….

▷ 그러니까 제가 가본다니까요. 걱정되니까….

눈치

아니, 여기 와도 남이 또 이상하니 생각하니까….

▷ 이젠, 그렇게 생각하고 어쩌고 할 정황이 아니잖아요? 제가 할머니하고 친해졌으니 할머니를 병원에 모시든가, 그렇게 해도 되잖아요?

아니. 여기 사람은 여기다가 왜 또 병원 (데려다달라는) 소리 안 했냐고 그럴 거거든.

▷ 이제 눈치 볼 필요 없을 것 같은데요, 할머니. 눈치 볼 필요가 없잖아요.

간호부한테도 병원 가달란 소릴 지금 안 하고 있거든. 죽으면 그만이지 싶어서.

▷ 제 생각에는 할머니가 지금 몸이 안 좋으시니까….

안 좋은 거보담도, 血管가 (혈관이) 자꾸 막히는 거 같고….

▷ 그러니까, 제 생각에는 할머니를 병원으로 모셔야 될 것 같고요. 그걸 거기 간호부한테 얘기해서 하시거나 제가 모시고 갈게요.

아니아니. 하면 또, 왜 자기한테는 말 안 하고 그(거기에) 왜 말했느냐고 疑われるから(의심받으니까)… 말하지 말아야 돼.

▷이제 눈치 안 봐도 될 것 같은데…. 할머니가 말씀 안 하시면 제가 갈래요, 할머니.

아니, 그럴 거 없이, 곁에 있는 사람한테 말 안 하고 그 집에 했다고 恨みを買うだけや(미움을 살 뿐이라고).

▷그럴 수는 있겠네요. 그럴 수는 있지만, 할머니가 이래도 좋고 저래도 좋다고 생각하시면 눈치 안 봐도 될 것 같고요, 거기 간호부한테 말씀을 하시거나 제가 가거나 둘 중 하나일 것 같은데….

아니, 괜찮아.

▷아이, 할머니, 병원에 가세요.

아니… 괜찮아요.

▷제가 슬퍼지려고 그런다…. 제가 갈 거예요, 할머니가 병원에 안 가시면….

(옆에 있는 간호사 혹은 식사 담당자로 추정되는 사람에게) 왜 거기 서 있어? 죽 먹을라냐고(먹을 거냐고)?

▷아, 네. 그럼 일단 죽 드시고요, 할머니. 병원에 데려다달라고 얘기하세요. 제가 이따 또 전화드릴게요.

지금, 밥하는 여자가 가만히 듣고 있더라고.

▷아하, 엿들었나? [어어] 죽 가져왔어요?

죽 먹겠냐고 해가지고… 할 수 없어가지고 조금만 가져오라고 했는데, 지금 용기가 안 나잖아. 겨우 일어나가지고… 방 밖에 못 나가고.

▷할머니, 이렇게 몸이 안 좋으시면 병원에 가시는 게 좋을 것 같아요. 병원 가기 싫으신 거예요?

내가 병원에 갔다 와가지고, 그래가지고 몸이 안 좋다고 하니까, 그걸 해서 어쩔 도리가 없다고 이렇게 말하면서, 간호부가… 여기 퇴촌 병원 간호부가… 일단 그 (주사?) 맞았으니까 감기가 낫지만, 그 기운(?)이… 딴 도리는… 딴 도리는 아무것도 안 된다고 하면서… 나는 왜 전화를 했냐면, 知らないで(모르고) 올까 봐….

▷할머니, 그렇게 되면 안 되고요. 할머니, 더 건강하게 오래 사셨으면 좋겠어요.

아이구, 나도 뭐….

▷할머니랑 오래 얘기하면서 정들었는데, 그렇게 얘기하시면 안 돼

요, 할머니.

그래도, 내일 樣子(상태)를 보시라고….

▷ 할머니, 제 생각에는… 그러니까 오늘 병원 가시기 싫다고요?

내가 이 밤중에… 일어나지도 못하고, 지금 막 꼼짝도 못하고….

▷ 그러니까 그 사람들에게 얘기해서 병원을 옮겨달라고 얘기 못 하세요?

아니. 그 말 하는 것도 嫌이 되었고(싫어졌고), 내일 내가… 누구 말마따나, 오늘 뭐(피가?) 도니까 그거 하는 것도 그거 하는 거지마는… 내가 내일, 거기 연락 다시 드릴게.

▷ 아, 할머니. 제가 가는 것도… 지금 오지 말란 얘기세요?

아이고, 거기서 거기가 어데(어디)라고. 그리고….

▷ 아니에요. 제가 지금 가면 할머니를 모시고 병원에 가고 싶다니깐요?

그 사람들도, 저… 승가대학에 가는 때문에 내가 내일 다시 전화할라니까(전화할 거니까)….

▷ 그럼 저랑 꼭 약속하세요. 오늘 더 나빠지면 병원에 꼭 가시고요, 조금 괜찮아지시면 내일 꼭 전화주세요. 저도 아침에 전화할게요. 그럼 일단 죽 잘 드시고요, 거기 사람한테 얘기해서 전기담요 같은 거 있으면 달라고 하세요.

아니. 자는 거보담도, 밤에 뒤에 바람이 자꾸….

▷ 그러니까… 아니면, 거기 남는 방 없어요?

나는 荷物이 多이까 (짐이 많아서), 쪼만한(작은) 방은 引越しして도 (옮기는 것도 안 되고)….

▷ 그래도, 따뜻한 방이 하나쯤은 있을 거 아니에요. 그런 방으로 좀 옮겨달라고 그러세요, 너무 춥다고. 일단은 그게 좋겠어요. 할머니가 병원 가기 싫으시면, 좀 따뜻한 방으로 옮겨달라고, 그거는 말할 수 있잖아요. 몸에 제일 나쁜 게 체온이 내려가는 거예요. 그러니까 제 생각엔 할머니한테는 지금 따뜻한 방이 필요할 것 같고… 거기에도 방이 없지 않을 것 같거든요. 그러니까 따뜻한 방으로 옮겨달라고 일단 얘기하세요. 그게 제일 좋아요. 약보다도 따뜻한 게 더 잘 들을 때가 많거든요. 할머니, 그거는 하실 수 있죠? 제가 해드리고 싶은데, 제가 얘기하면 또 할머니한테 어떻게 할지 모르니까… 할머니가 직접 얘기하셔서 방을 옮겨달라고 하세요. 오늘만이라도….

그렇게 할 수밖에 없어.

▷아, 없어요? 소장이나 사무국장 없어요?

아니, 있어도…. 내가 이따가 간호부한테 밤에 따뜻한 방에 좀 옮겨달라고 말할게.

▷네, 그래 주세요. 꼭 그렇게 하시고, 오늘 밤 좀 따뜻하게 지내시고, 제가 내일 아침에 다시 전화할게요. [네] 전화 옆에 두시고 꼭 받으세요. 안 그러면 걱정되니까.

네.

2014년 3월 8일 오후 7시 29분[25]

소동

[전략: 이날 아침 박유하가 '나눔의 집'에 전화한 뒤로 일어난 일 이야기]
그리고 병원에는 가달라고 (박유하한테서) 전화는 왔지. 그러니까 이제 병원에 어차피 데리고 가야 되겠다 싶으니까, 전화를 받으니까 자기가 알았다고 알았다고 하면서 나보고 옷 갈아입고 어찌 해가지고 병원에 갑시다, 카더라고.

▷ 그래서, 가셨어요?

그래서, 인제 어느 병원에 가는데, 물으니까, 아산병원, 아산병원 그 큰 병원에는, 환자가… 안 하니까, 퇴촌 병원에 갈 수밖에 없다고 하면서.

---

25) 다음날, '나눔의 집'으로 전화를 했다. 그랬더니 나중에 할머니가 노여워하면서 전화를 했었고, 이 기록은 그다음에 다시 걸려온 전화다.

▷ 왜 현대(서울)아산병원은 안 된대요?

아니, 그… 아산병원은 크잖아. 크고 환자도 막, 病人(병자) 막 그런 거 타고 오는 사람들도 많고, 감기 같은 거야 병이라고 생각하지도 않거든. 그 큰 집에 감기 病人(병자) 하나 와가지고 장사도 안 되고, 자기들은 큰 病人(병자)들만 상대를 하니까 이해가 되는데…. 그래서 내가 뭐 할라고(하려고) 전화를 걸어가지고… 참, 누가 독약이라도 사주면 참 고맙다고 하고… 지금 같으면 집어삼키겠는…. 막, 요새는… 몸은 아프지, 혈액순환 나쁘지, 할머니들 왔다 가면 거짓말이라도 오래오래 사시소, 그 얘기가 나한테는 아주 참 싫은 거야. 長生き(장수)해가지고, 몸 이래가지고 반신불수로 生きているのが(살아 있는 게) 얼마나 고생이 되는지 아는지, 그래서 내가 (화냈다고)….

▷ 네. 아니, 저한테 그러시는 건 괜찮아요. 아무튼, 그래서 할머니가 저랑 두 번 다시 얘기 안 하려고 하시면 어떡하나 하고 하루종일 힘들었고요, 지금도 걱정하면서 전화드린 건데….

나도 안 할 소리 했잖아요. 안 할 소리를. お世話를(보살펴지를) 못 하더래도…. 나도 그래놓고는 내 몸이… 일본말로, 다른… [불명]없이 子供がおるじゃないし(아이가 있지도 않고)… 어찌 해돌라 이런 소리도 못 하지. 혼자, 아이고, 내가 속으로, 내 나이가 한번 돼봐라, 그 말이 나오더라고. 내 나이가 되면, もしかそういう運命になったら(혹시나 그런 운명이 된다면), 그땐 내 속을 알 끼라, 하면서…. 다른 사람은 거기다가, 아이고 長生き해야(오래 사셔야) 된다고…. 내가 자식이 있어, 뭐가 있어. 여기서 嫌な(싫은) 밥 두 때 얻어먹는 거, 그것도 口에 맞지 않고(입에 안 맞고). 그렇다고 해서 ここのおばあさんたち(여기 할머니들), 学歴が (학력이) 있는 사람 아무도 없지, 말이 안 통하지, 北朝鮮のおばあさん (북조선 할머니) [불명]이 되어 살고 있는데, お互いところが違うから(서로 출신지가 다르니까), 친하지도 않아. 그렇게 뭐, 거한 사람도 없고 話が 通る 人もいないし(이야기가 통하는 사람도 없고), 우리가 이 집에 뭐할라고 살고 있는가 싶고….

▷ 네, 충분히 이해하고요. 그래서 저는 오늘 하루종일 고민을 했는데, 나 때문에 할머니가 너무 입장이 불편하겠다, 이런 생각이 들면서….

[중략: '나눔의 집' 직원이 병원에 데려간 이야기]
퇴촌 병원에… 퇴촌 병원에 가가지고 링거 하나 맞고…. 나는 여성부에서 할매들… 뭐, 12만 원짜리, 13만 원짜리 그런 거, 큰 거, 좋은 거만 맞는데… 나는 크고 좋은 거 그거 안 맞다고, 9만 원짜리 애기들하는 거 같은 자그마한 거, 그거 주사를 맞고 있는데, 주사를 맞아도 좀 보면 또 어디가 아프다고 하니깐 다시…. 나이 아흔인데 뭐….

▷ 그래도 어제보단 조금 나으신 것 같은데, 주사 효과가 있었나 봐요.

효과가 있는 게 아니고, 방에 누워 있는데, 하얀 거 이거, 저기 원장… 이거 무슨 약입니까, 하면 失礼になるから(실례가 되니까), 그래서 그 옛날에… 뭐지? 감기… [불명] 그런 약이 있어. 그런 약 아닙니까, 하니, 아이고, 그런 약이라도 먹고 나으면 되겠다, 하면서 웃더라고…. 아스피린, 아스피린…, 昔日本で聞いたことがある(일본에서 들은 적이 있어). 그래서 아스피린을 주든지 먹고 죽는 걸 주든지… 아이고, 덮어놓고… 안 그런 것 같으면… 안 먹고, 이쪽 간호부한테 물어보고 또 먹고 이러는데… 가져와가지고, 뭐 何も聞かないで(아무 말 않고), 뭐 설마 죽으라고 주겠나 싶어가지고. 그래가지고, 이제 먹고…. 좀, 頭ぼっと する(머리가 명해져서)… 이라고…. 누워가지고 그렇게 하고 있는데. 전화 와가지고. 나도 아까, (당신이) 쎄(혀)가 빠지게 친절하게, 아픈 사람을 친절하게 (대)하겠다고, 쎄가 빠지게 해놓으니까는, 나는 또 그 지랄 하지. 나는 뭐 年取っても(나이를 먹어도) 저기에 있는 애기하고 똑같다, 人によく言われる(사람들한테 그런 소리 자주 들었다고)…, [불명]이 모자란다고. 생각하는 게 애기하고 똑같다고 하면서, 그래서….

▷아니에요, 할머니. 저는 할머니가 점점 더 좋아지네요. 할머니 진짜 훌륭하세요. 저는 아까 할머니한테 그런 소리 들어도 싸다고 생각했고…. 아까 말씀드린 것처럼, 생각 없이 한 건 아니고, 어떤 각오를 하고 한 거긴 하지만, 그래도 아무튼 결과적으로 할머니 불편하시게 한 것 같아서 너무너무 죄송했어요. 할머니가 전화 안 받으시면 어떡하나 내내 걱정했는데, 이렇게 받아주시고 또 그렇게 말씀해주시니까, 너무 제가, 하여튼 오히려 고맙고 감사드리고 싶어요, 할머니. 하여튼 너무 죄송했어요. 죄송했고요, 제가 할머니하고 얘기도 한다는 걸 그 사람들이 알아서, 안 소장이나 그 사람들이 어떻게 생각할지 모르겠는데….

비밀

그런 얘기하면, 다른 걸로 둘러대야 돼.

▷근데 사실은, 거기서….

안다고 하지 말고, 偶然에(우연히), 偶然에(우연히) 이래가지고….

▷사실, 맞죠. 그때 우연히 얘기한 거고, 지원단체 입장에서는, 제가 생각하기에는 여러 할머님들이 계시니까 자기들이 일일이 보살피지 못하더라도 외부에서 오히려 이렇게….

[중략: 손님들이 소장에게 선물을 갖다준다는 이야기]

▷인제 다시 가려면 그 사람하고 관계가 좋아져야 되니까, 고민스러운데… 아무튼, 제가 조금 생각해볼 거구요. 암튼, 할머니, 오늘 저 때문에 마음 상하셔서 죄송하고요….

나는 애기마냥, 어디 가자, 그렇게 해도 그게 [불명] 싹 빠져나갔다가 나중엔 또 아무렇지도 않은 것처럼….

▷정말 할머니 훌륭하세요. 할머니가 아흔이라고는 안 믿겨요. 보통 할머님들 같으면 한번 화나셨으면 끝까지 화내실 텐데…. 정말 훌륭하시고 존경스럽고. 너무 감사드려요. 이제 또 자주 전화드려도 되는 거죠?

나는 아주 惡人(악인)은 아닌데, 아이고, 철이 없다….

▷아니에요, 또 이렇게 얘기를 해주시잖아요.

할머니… 저거, 나이 아흔한 살 먹었다고 하는, 그만한 歷史(역사)를 가지고 있는… 아(애)새끼보담도 더 철이 없다, 이래 마음먹으면 속상한 일이 없지….

▷아니에요, 할머니. 할머니 덕분에 제가 발 뻗고 잘 수 있게 됐어요. 그렇지 않으면 내내 (마음이) 불편했을 텐데…. 제가 찾아가도 할머니가 안 만나주시면 어떡하나, 그 이전에 전화도 안 받아주실 텐데, 싶어서 얼마나 (마음이) 불편했다고요, 오늘….

[중략: '나눔의 집'에 머물렀던 어떤 여성의 이야기]

▷저는, 그래서 할머니가 만약 오늘 저 때문에 거기 있는 게 힘들어지시면 할머니를 모시고 나올 방도를 강구해야 되나, 이런 생각까지 하고 있었어요. 근데 거기서 아직은 이상한 말 하지 않은 거죠, 할머니한테?

여기는… 집이 이래 되어 있고… 일하는 사람 있지, 간호부가 있지, 잘한다, 못한다, 빼놓고… 다 지그들 편이라도….

▷아무튼 제가 거기까지 고민할 만큼, 오늘 심각하게 고민했다니깐요….

그렇기 때문에, 할 수 없이… 인제 이 집에는 조계종 원장이, 이거를 하기 때문에….[26]

---

26) "돈벌이"에 이용되고 있다고 생각하면서도, 간호사와 돌봐주는 사람들이 있고 조

▷네, 불교니까…. 네, 맞아요, 원래….

자기들도 (돈) 벌이고(벌고)….

▷안 소장도 불교 신자예요?

안 소장도 불교지.

▷그거는 그래도 할머니랑 맞네요.

그런 거… 저, 박 씨, 전화 받은 박 씨도 불교….

▷아, 젊은 직원도…?

그리고 여기 이북서 왔다고 하는 할머니도, 서(셋)이…, 하나는 아흔 세 살 할매하고, 하난 작년에 죽은 ○○○하고, 전부 이북 사람이고, 고향이 이북 사람….

▷아, 그렇구나. 그러면, 같은 불교 신자시면 얘기가 통하는 부분도 있겠네요.

이북 사람이라서…?

계종이 하는 곳이라는 생각이 '나눔의 집' 거주를 체념과 함께 받아들인 이유인 듯 했다.

▷아니요, 같은 불교 신자면….

아니, 그 사람들은 전부 크리스찬…. 성가대니 뭐, 교회 따라다닌다고…. 그렇기 때문에, 하늘엔 하느님이라고, 딱 올려가지고 말한다고. 그리고 여기는, 조계종 경영자가 이 집을 만들어서 할머니 장사하잖아. 할미 장사. 장사해도, 조금 세계를 알고… [불명]한 할매들, 맡아놓으면 할 건데, 지식이 없으니깐, 입만 살아가지고 안 질라고…. 북조선 사람들 気が強いから(드세니까). 그러니깐 막 안 질라고…. 여기 있어도, 저 사람 같으면 언니 삼았으면, 뭐 삼았으면 좋겠다, 冗談でもそういう思いが出ない(농담으로도 그런 생각이 안 들어). 김일성… 그 사상밖에 없는 때문에, 지그들은 여기 와가지고 언제 통일이 되노, 하고 말하지만, 모두 거기 있다 온 사람이어서. 気が強いんだから(드세서).

▷통일이야 하루이틀에, 금방 되는 거 아니지만, 이 문제 해결될 때까지는 할머니 건강하게 같이 계셨으면 좋겠어요.

아이고, 아이고….

▷하하. 정말이에요, 할머니. 그리고 제가 오늘 또 걱정한 게, 괜히 안 소장이 저를 할머니한테 나쁘게 말하면 어떡하나, 이런 걱정도 하고 그랬어요.

그런 걱정할 필요 없고…. 안 국장(소장)하고 인제 며칠 전에 이래가지고… 우연히 여기서 만난 얘기도 하고, 안 국장(소장)도, 살살, 살살….

▷ 네. 그럴게요, 할머니. 할머니한테 의견 잘 여쭤보고, 살살, 살살, 그렇게 해볼게요, 할머니. 아무튼 다시 감사드리고요, 오늘은 일찍 주무세요. 너무, 저 때문에 많이 신경 쓰여 힘드셨겠네요. 병원 다녀오시기도 힘드시고….

신경은 안 쓰이고… 내가 가만히 생각을 했어. 그래놓고 나서는, 내가 인제… 내가, 지(제)까짓 게 뭐 잘났다고 쎄가 빠지게 그렇게 걱정을 해주고, 쎄가 빠지게 뭐 해주는 사람을….

▷ 아유, 아니에요, 할머니. 제가 아무것도, 뭐, 한 게 없는데요.

가만히 생각해보면, 아이고, 저랬다느니 이랬다느니… 나는 이렇게 있다가 죽는 게 나았는데, 살아 있는 것보다… 뭐하러 이 세상에 이것저것… 뭐 해서 저래…

▷ 아, 할머니, 뭔가 재밌는 일 만드셔야 되는데….

南北戰爭(6·25 전쟁)이라고 하면 全部問題라 問題(다 문제지 문제). 이것도 문제고 저것도 문제고, 한국도 위안부도 문제고….

▷ 그러게요. 할머니가 그런 문제의식이 높으시니까…. 하여튼, 그런 얘기 저랑 건강하게 오래 더 하시고요, 오늘은 두 다리 뻗고 푹 주무시고요, 저도 다리 뻗고 잘게요, 할머니. 저는 정말 빈소리로 말하는 거 아니에요. 할머니가 오래오래 사셨으면 좋겠어요.

탄식

거, 가만히 지내보면, どこまで糸が乱れて(어디까지 실타래가 얽혀가지고)… 어찌 세상이…, 웅, 1991年に(1991년에)….

▷ 그러니까요. 저도 그런 거를 풀려고…. 너무 이상하게 꼬여버렸는데….

그걸 끄집어내가지고 말하고…. 끄집어내도 좀 똑바로 끄집어내면(끄집어냈으면) 하지만… 안 그랬던 걸 또 그랬다고 하니깐. 저놈아들이 가만히 있(겠)어?

▷ 그러니까요. 젊은 학생들까지 요즘 그렇게 생각을 하게 돼서, 그게 걱정이에요. 요즘은 할머니 데모 안 나가시니까 모르시겠지만, 데모에 젊은, 중학생, 고등학생, 대학생 들이 많이 오거든요. 그래서 그런 영향도 걱정이고 정말 걱정이 많은데, 아무튼 그런 의미에서도 할머니가 그런 말씀들을 해주셔야 해요. 저도 그래서 이 얽힌 실타래를 풀고 싶다는 생각이고요.

아니, 나는… 얘기하다… 학생들보고, 아는 게 뭐냐고, 이 실타래가 어디서 어째(어찌) 돼가지고 어디에서 어떻게 얽혀가지고… 수년 실타래가 얽혀가지고 못 풀었는데…, 지금 풀 수 있는 줄 아느냐고, 풀수 있으면 너 한번 풀어봐라, 이렇게 하거든.

▷ 근데 사실은 맞아요, 할머니 말씀이. 너무 어려워서…. 사실은 저도

주변 학자들이나 이런저런 사람들하고 얘기를 하는데, 실타래가 이렇게 얽혔다는 것 자체를, 왜 그런지 모르는 사람들이 너무나 많고요. 그걸 설명을 해도, 지금 워낙 국가… 정부나 정대협이나 목소리가 크기 때문에 그런 목소리에 거슬러서 말을 해야 되는지 안 해야 되는지 고민하는 사람도 많고 해서 (문제를 푸는 것이) 쉽지는 않아요. 쉽지는 않은데, 그래도 또 할머니나 저처럼 생각하는 사람이 없지는 않고, 그렇게 생각하는 사람들이 조금씩…. [전화 끊어짐]

2014년 3월 11일 오후 5시 12분

불만

▷ …그래서 아마 못 뵐 거라고 얘기했었고, 그랬는데 아마 궁금했던 모양이에요, 지난번에 뵈었으니까. 근데 그렇게 쫓아버렸네. 할머니가 힘드셨던 건 아니었어요?

그래, 쫓아내버렸다고.

▷ 할머니가 하시고 싶은 대로 놔두면 좋은데….

사무실에 왔다가… 그거 하고 인제, 몰라… 어디서 왔다고 했는지는 모르겠지마는, ○○○이가, ○○○이가… 뭐라, 뭐라 씨부리니까(씨부렁 대니까), ○○○이가, 그걸 받아가지고, ○○○이가 [불명] 얘기할라(얘기하려) 하니까, ○○○이가 썽을(화를) 내가지고(내고) 방에 들어가는데, 들렸던 거야, 나한테.

▷ 왜요?

그런 건 묻지 말고. 그렇게 돼가지고, 여기 들어와가지고, 잠깐 얘기하는데, 한다는 소리로, 일본 사람 [불명] 좋아한다고, 이 지랄 하고 그래. 아파 다 죽어가는 사람이 일본 사람 손님 오면 좋아할 턱이 있어?

▷ 그럼요. 저는 할머니 귀찮게 하지 말라고 했는데….

그런데 그게 귀찮게 했는(한) 게 아니라, 두서너 마디 얘기하고, 밥상을 가져오니까는, 쫓겨나가다시피 가가지고. 밖에도 없어서 물어보니까, 그 사람들 갔나, 하니 갔대.

▷ 할머니가 좀, 가슴이 아프셨겠네요.

이 얘기도 못 하고, 저 얘기도 못 하고. 사람 넷인가 와가지고 쫓겨나가다시피 ご飯の時間だから(식사시간이니까) 나가버리라(나가버려라), 했는(했던) 모양이라.

▷ 그랬어요? 누가 그랬어요? ○○○할머니가…?

아니다, 그건 딴 얘기고. ○○○ 지가 이 얘기 할라(하려) 하니까, ○○○ 이가 딱 받아가지고 얘길 하니까, 지그끼리 쪼끔(조금)… 그래서 내가 이상하다 싶어서, 밥 가져오는 아가씨가 있거든, 손님이 있나 하니깐, 할매들 밥시간이라고 다 보내버렸어.

▷아마, 그 사람들이 다… 할머니, 일본 NHK 아시죠, 그 서울지국에 있는 사람들이에요. 이 사람들도 이 문제(위안부 문제)에 관심이 많아요. 아마, 안 소장 이야기를 오늘 들으러 간다는 게, 그래서일 거고, 저는 소장만 인터뷰한다고 들었는데 아마, 할머님들 인터뷰도 허가를 받았나 보죠, 아마? 할머니가 얘기를 하셨다는 거는?

아유, 받고 아니고. 인제 들어와가지고 잠깐 들여다보고 간다고 하면서 들어완(왔던) 모양이라. 밥시간이라고 하면서…. 여기 할매들은 손님 있으면 밥시간이라고 하고 다 쫓아내버리거든. 마ともに(제대로) 얘기도 못 듣고 한 10분 앉았다가 나간 거 같아. 내가 가만히 보니깐….
[불명]

▷네. 아이고, 참.

그리고 그때 왔던 사람 있잖아? [불명] 잠깐 앉았다가 들어가더라고. 뭐가 있는 거 같으면, 밥시간이라고 하고 어떠한 손님이라도 네 시 반(?)만 되면 다 쫓아내버려.

▷너무 신경 쓰지 마세요. 다 이해하겠죠. 만나든 안 만나든 다 할머니들 의사, 뜻에 따라야 되는 건데, 좀 그렇다….

아, 그리고 이 집이 어떠한 집이라고, 에고….

▷그래서 마음이 안 좋으셨구나, 할머니가.

응….

▷ 여러 가지로 자꾸 마음이 안 좋은 일만 생기네요.

응. 조금만, 한 10분 얘기한다고 그랬는데, 밥상 가지고… 내가 밥도 안 먹는데, 죽도 못 먹는데, 밥을 가져와서 밥시간이라고, 빨리 밥 잡수라고 하면서, 말하는 도중에 딱, 쫓아내 보내더라고.

▷ 아이고, 참. 제가 알 것 같아요. 지난번에도… 저도 그 분위기는 아니까요. 자꾸 들여다보러 오고 그랬었잖아요, 여러 번. 분위기는 아는데, 제가 한번 그 사람들한테 물어볼게요. 그래서 만약 그 사람들이 안 소장하고 오늘 좋은 관계를 만들었으면, 다음에 또 같이 갈 수 있을 거예요.

아유, 아유. 다음 소린 하지 말구….

▷ 하하, 할머니. 저는 다음 소리 계속 할 건데…. 아무튼 다시 연락드릴게요, 할머니. 너무 마음 쓰지 마세요. 할머니는 지금 할머니 몸 좋아지실 것만 생각하시면 돼요.

[속삭이듯] 지금 또 뭐, 엿듣고 있을… 엿듣고 있을까 몰라.

▷ 아, 그럼 끊으세요.

2014년 3월 11일 오후 6시 36분

유언

[…] 아니, 아니. 어떻게 하고 싶다는 것보다도, 그쪽의 意見을 聞きたい わけ(당신 의견을 듣고 싶다고).

▷ 아, 저의 의견이요? 음, 할머님하고 소장님의 관계에 따른 거라는 생각이 드는데요. 할머니 가진 돈이 많으세요?

지금 내가 지금 승가(대학)에다가 돈을 한… 광주농협에는 1억 500만 원이 들어가 있는데. 그걸 이제 다른 사람이, 本人이 亡くなったら [불명] といって(본인이 죽으면 [불명]라고 해서) 없어지면, 못 찾는대, 본인이 없으면….

▷ 그렇죠, 물론이죠. 대리인을 세워야죠, 할머니가… 어떻게 쓰고 싶으세요?

쓰고 싶은 것보다도, 그… 딴 사람을 보내도… 나 같으면 그걸 찾아가 지고 그… 내 願(願(바람)대로 처리해줬으면 좋은데, 그걸 지금 相談(상의) 중이라.

▷ 아, 네. 할머니 원하시면 제가 그걸 찾아드릴 수도 있는데요, 하루 이틀만 참으시면 제가 목요일날 가서….

아유, 얘기 들어봐요. 그렇고… 이… 저기, 거기는, 광주는 1억 500이 들어가 있으니 그걸 내가 좀 찾아가지고 승가(대학)에다가 시주하고 싶다, 이 얘기거든. 승가에도 내가 전화를 해서 (거기에서는) 미리 알고 있고…. 또 하나, 퇴촌 은행 농협에, 할매들, 다 여기 정부에서 받은 돈 있잖아? 다달이…. 거기 한 4000만 원 있거든.

▷ 할머니, 돈 하나도 안 쓰셨구나.

왜, 안 쓰긴…. 조금씩 조금씩 쓰고, 뭐, 다 했지. 내가 지금 相談(상의) 이라, 相談(상의). 오늘이든지 내일이든지 내가 혹시 잘못된다면 뒤처 리를 소장이 해야 되거든. 소장한테…, 딴 사람은 전부 믿을 사람이 없고, 통장뿐 아니라 현금이라도 내가 급하면 소장한테 말하는 게….

▷ 좋은지 아닌지, 말씀이시죠. 할머님 생각은, 그걸 잘 찾아서 절에다 가 잘 시주를 해줄….

그것도 이제 시간이 없어 안 돼.

▷ 그걸 잘 해줄 사람으로 안 소장한테 맡겨도 되는지 생각하시는 거잖아요.

그것뿐 아니라 모든 거를…. 내가 오늘 밤이라도 눈 감아버리면 그만이거든. 그러니까 소장이 오늘은 집에 갔지 싶어. 여섯 시 되면…. 여튼, 그것 때문에…. 그리고 뭐, 거기 생각은 어때?

▷ 제 생각은… 저는 안 소장님이 어떤 사람인지는 잘….

아이, 인자는 그런 거 가릴 시간 없고, 나를 뒤처리해주는 사람이 문제지. 좋고 나쁘고 그런 거 가릴 시간이 없다고. 내가 내일꺼정(까지) 生きておったら(살아 있다면), 안 할 말로, 살아 있다면, 소장한테 말하는 게 낫지 싶어.

▷ 미리 말씀하시는 게 낫단 얘기죠?

응. 옷 같은 거 있잖아, 옷 같은 거. 이것도 만일 (내가) 잘못되면, 이제 뭘… 누구든지, 교회 사람이든지 누구든지 불러가지고 싹 가져가도록 해야겠지 싶어.

▷ 그런 건 그렇게 하겠지만, 돈은 중요하니까요.

지금 좋고 나쁘고 따질 때가 아니라고.

▷ 알아요. 무슨 말씀인지 알았고요, 일단 말씀하세요. 안 소장이 할

머니 생각대로 잘 해줄지가 걱정이신 거잖아요. 근데 제가 들었으니까… 들었으니까 안심하세요. 안 소장님한테 말씀하시고, 제가 나중에 그렇게 안 되기를 바라지만, 할머니 불안하실 때, 제가 알고 있다가 언제든 확인을 하도록 할게요. 잘 처리가 됐는지…. 그러면 되죠?

응. 그리고 또… 조금, 조금, 조금… 현금…. 저 사람도 주고, 여성부에서도 주고 절에서도 본사찰에서도 주고, 한… 한 몇십만 원 현금 있는데, 그것도 이제 一切合切(모조리) 딴 사람 믿을 사람 하나도 없다고….

▷ 네. 할머니, 저는 입원하셔서 그 돈을 쓰시면 좋을 것 같은데….

아이고, 쓰시고 뭣이고, 당장, 지금 내가 일어나질 못하는데, 그거는….

▷ 할머니, 보통 병원 가시면 병원비는 누가 내요?

아유, 그런 걱정 하지 마. 그런 걱정 하지 말고, 어쨌음(어쨌으면) 좋겠다, 그 말 한마디만 해줘.

▷ 네. 그러면, 안 소장한테 말씀하세요. 그렇다고 지금 할머니가 다른 방법이 있는 건 아니니까, 안 소장한테 잘 처리해달라고 말씀하시고, 저한테도 그 얘기를 했다고 얘기하세요. 그러면 안 소장이 잘 하겠죠. 저도 알고 있다는 걸 알면…. [응] 그러면 되겠지요? 안 소장한테 얘기를 하되, 그렇게 하겠다고 나한테도 얘기했다, 그 얘기를 하면 안 소장이 잘 처리할 거예요. 저도 확인을 할 수가 있고….

응. 오늘, 아주 간다는 게 아니라, 내 예감이라, 예감….

▷ 에이, 할머니. 그러니까 지금 그 얘기는, 저도 지금 아이디어지만….

해놓고, 지금 해놓고… 내가 일어나지를 못하고, [불명]야 하는데, 지금 못 일어나가지고.

▷ 아… 도와주는 사람이 옆에… 없어요?

옆에 있어도, 그리 되면 내일이라도 당장 병실로 가기 때문에, 이것저것 생각하면… 춥잖아.

▷ 할머니, 내일은 병원에 입원하시면 좋겠구요.

아, 입원하는 것보다도, 입원해도 그렇고…, 인제, 그 누구한테 부탁을 하나, 그 얘기를 相談하고 싶어서)(상담하고 싶어서) 묻는 거야. 그렇기 때문에 내일모레, 뭐 당장 어떻게 되는 것도 아닌데…. 이건 뭐 最後의 (마지막) 얘기인데….

▷ 네. 일단, 할머니 남기신 돈 처리는 그렇게 하면 될 것 같고요, 입원하고 싶단 얘긴 하셨어요?

그것보담도, 여기서 처리해야지, 매일 바꿔주지, 매일 [불명] 처리해주겠지.

▷아니, 아니. 제 생각에는 할머니가 지금….

내가 필요없는 얘기는 하지 말라고 하잖아.

▷네… 제 생각에는 할머니, 내일이라도 입원하시는 게 제일 좋을 것 같은데….

아니, 아니. 입원이고 뭣이고, 그 문제는… 그쪽 사람들보다도 이쪽 사람들이 원체 더 빨리 알고… 그러니깐, 그 마음은 내가 알고 있지, 선생님 마음은 내가 알고 있으니까…. [불명] 말하잖아, 내가 뭐할라고 전화를 걸었는데…. 이쪽 사람이 더 빨리 알지, 거기보담도. 그러니깐, 소장을, 미우든(밉든) 고우든(곱든) 뒤처리는 그 사람이 하니까….

▷아까처럼 하시면 되겠어요. [웅] 안 소장한테 내일이라도 얘기를 하시고, 저한테 얘기했다, 이렇게 말하시면 될 거 같아요. 그러면 잘 처리하겠지요. 오늘 밤, 내일 좀 쉬시고, 저 봐야죠, 할머니. 최소한 모레까지 기다리세요. 그러실 거죠? 기운 차리세요.

웅. 그리고 뭐 있으면, 간호부한테 물어보면 알 거야.

▷네. 그리고 할머니도 전화하실 수 있으면 언제든지 전화하시고요. [웅] 저도 또 할게요, 할머니. 네, 들어가세요.

2014년 3월 13일 오전 9시 19분

고민

또, 딴 병을 얻는다든지… 할매들 말은, 한 사람 두 사람 얘기가 아니라, 한… 내가 몇 사람 얘기를 들었는데, 전부 위험하대. 위험한데, 또 감기가 탁 오니까는, 더 움직이지를 못하고….

▷ 할머니, 저도 감기 걸려가지고, 저도 힘들어가지고…. 할머니가 얼마나 힘드신지 알 것 같아요.

아이고… 여기 사무실 여자들, 전부 다 감기 들어가지고, 약 먹고….

▷ 서로, 다 옮았군요.

[중략: 감기 걸린 이야기]

아… 거기. [다른 할머니 목소리: 여기 짜장면 시킨다는데, 짜장면, 짬뽕, 우동,

뭐 할 거여? 빨리 말해!] 짬뽕. 뭘 주문받으러 왔는데, 그런 거 시켜도 목에 안 넘어가잖아. 불어가지고. 짜장면도 불고. 아이고.

▷점심 주문받으러 왔군요.

주문받으러 왔는데, 대답 안 하면 지랄하니까.

▷아…. 할머니, 그래서 안 소장한테 얘기하셨어요? 지난번에 얘기하시던 거.

아무 얘기 안 했어.

▷아직 안 하셨어요?

얘기 안 하고…. 돈은 정부에서, 전국적으로 김대중 그분이 살아 있을 때, 1993년도인가 94년도인가 모르겠지만, 통장으로 전국적으로… 외국에 있는 사람들도 전부 찾아가지고 한국 정부에서 다 주고 있거든. 주고 있는(기) 때문에, 도지사… 도에서, 돈을, 다 할매들 월급 주잖아. 월급은 아니고, 그 뭐지? 월급도 아니고… 다달이, 다달이….

▷지원금 같은 거죠. 말하자면, 의료보조비, 이런 거….

응. 그런 거. 그걸 외국에 있는 사람들도 다 주고, 찾아가지고 다 주고, 그러기 때문에, 그런 것 자체가 다 정부에서 한 일이기 때문에….

에휴….[27)

▷ 그런 게 모여 있다는 얘기셨잖아요. 그런데 안 소장이 맨날 안와요, 거기?

맨날 나오기야 나오지.

▷ 아, 그렇구나. 그런데 할머니가 그런 얘기를 하시려면 좀 건강하실 때 얘기를 하셔야죠.

글쎄. 그런 것도 이제, 내 얘기는… 여기 전부… 赤の他人ばかり(완전 타인뿐이기 때문에), 그런 사람들만 있기 때문에….

▷ 아직 신뢰가 안 가는 거죠?

첫째, 그게 문제고. 그게 내가….

▷ 제가 지난번에 말씀드렸잖아요. 안 소장말고는 뒤처리를 해줄 사람이 없다고 하셔서…. 그러면 안 소장한테 얘기를 하면서 동시에 저한테도 이런 얘기를 했다, 이렇게 얘기하면은 저도 물어볼 수가 있고… 그러면 할머니 뜻대로 할 수 있도록 저도 옆에서 볼 수 있잖아요.

물어볼 거 뭐 있어, 안 소장한테. 뭐 없잖아.

---

27) 다른 곳에서도 한 차례 '정부'에서 줬다는 이야기가 있었는데, 그런 언급이 보상 요구에 대한 회의에서 나온 것이기도 했다는 것을 이 기록을 정리하면서야 깨달았다.

▷아뇨, 나중에 잘 처리되고 있는지 저도 봐야죠. 그리고 그런 얘기 별로 하고 싶지 않다, 할머니. 더 건강하게 사셔야죠.

아니, 그게 아니고… 나도 안 소장한테 물어보고 내 얘기를…, 그 뭐라, 내 얘기를…. 일본에… 뭐라지? 거, 태풍도 있었고 지진도 있었고 쓰나미가 있었고… 보니까, 말이라도 그렇게 하는 거 같으만(같으면). 이 보상을 못 받으면 그 사람들이 가만있겠느냐고, 내가 이 얘기 한 적 있잖아. 얘기 안 하는 게 더 좋다고….

▷아뇨, 아뇨. 지금 얘기한다는 게 아니라, 절에, 그렇게 다 기부하시 겠다는 이야기를 저한테 하셨으니까, 그런 걸 내가 알고 있다는 걸 안 소장도 알고 있으면, 잘 처리하겠지 싶어서 한 얘기예요.

지금, 저기… 여기, 본인이 은행을 못 가니까 내가 꼼짝을 못 하니까, 내가….

▷아, 돈을 좀 찾아오고 싶으시구나, 할머니.

살아 있을 때….

▷할머니가 은행 가서 찾아오고 싶으세요?

아니. 그것도, 얘길 들어보니까, 본인이 죽고 없으면 돈을 은행에서 안 내준대. 아유, 그건 어느 은행이라도 다 한 달에… 한 달에… 넣어 놓고, 한 달, 내는… 은행이 아니고, 일 년에 한 번씩 이자 받는 데라서… [불명]잖아.

▷ 아, 그러면 대리인을 세우면 되는 거 아닌가요? 제가 좀 알아볼게요. 그런 경우, 만약에 할머니가 가족이 없으신데 그런 걸 할머니가 대리인을 지정하면 되는지, 제가 한번 은행에 전화해서 물어볼게요.

대리인은… 딴 사람이 얘기하는데, 여기에 딴 사람도… 다 그런 거 잘 아는 사람이 있어가지고 얘길 하는데, 본인이 아니면 절대로 안 된대.

▷ 안 된대요? 그러면 할머니 지금 현금을 옆에다 놔두고 싶으세요? 만약에 할머니가 돈을 찾고 싶으시면, 그건 제가 도와드릴 수 있을 것 같은데. 같이 가서, 할머니 모시고….

아이고, 내 데려갈 것 같으면 내가 뭐하러 얘길 해. 여기 있는 사람 데리고 가도 되지.

▷ 불편하시다니까, 누구도 믿을 사람이 없다고 하시니까…. 그러면 어떻게 했으면 좋겠어요, 할머니?

그러니까 문제지.

▷ 아, 돈을 찾으러 갈 수도 없고….

아유, 그러니까 내가 일어나질 못하잖아.

▷ 그러게요. 그래서 제 생각에는 병원에서는 추스를 수 있을 만큼만 입원하시고….

아유, 안 되지. 병원에 가면 인제, 마지막이라고….

[중략: 건강 악화에 따른 불편과 심경 호소]

▷ 할머니가 병원 싫어하셔서 그러시는 걸 텐데, 병원 가서 잘 조리 받으시면 좋아지실 수도 있잖아요.

통곡

아이고, 그건 그래야지 싶은데도… 내가 막 여기서 손톱도 하나 까딱하기 싫어, 손톱도 까딱하기 싫다고…. 손가락도 까딱하기 싫고….

▷ 아… 나는 할머니 병원 가셨으면 좋겠다. 근데 병원 가기 싫으신 거죠?

일어나지도 못하고. 막 죽는 것보담도 이 자리에서 [불명] 자는… 잠에… [불명]버리면 좋겠다.

▷ 예. 무슨 얘긴 줄 알겠지만, 그래도 전, 할머니 오래 사셨으면 좋겠는데…. 아무튼 알겠어요. 그러면, 일단 조금 더 쉬시고요, 제가 오후에는 학교 회의 때문에 전화 못 드리지만, 나가기 전에 이따가 다시 한번 전화드릴게요. 점심, 몇 시예요?

아이고, 몰라….

▷ 점심, 몇 시예요? 열두 시?

열두 시고 뭐고, 밥 얘기하는 것도 무서워….

▷ 다 귀찮죠? 아이고, 참… 어떡해…. 할머니, 일단 쉬세요. 너무 얘기 많이 하셔도 힘드시겠다. 아이고… 어떡해요.

전부, 나한테 말한 게 다 옳은 얘긴데, 나는 지금 손톱도 까딱하기 싫고…. [울음]

▷ 죄송해요, 할머니….

방이 밖은 차고… 이불 안은 뜨겁고… 양쪽 온도에서 내가 막 환장하겠어.

▷ 추워서요?

추우려면 아주 춥던지, 이불 안은 괜찮은데, 어깨가 나오면, 왼쪽 어깨가 또….

▷ 아이고, 참… 어떡하면 좋아. 죄송해요, 제가 오늘은 꼭 가보려고 했는데, 회의 들어가야 해서…. 제가 오늘 몸이 안 좋아서 회의는커녕… 할머니한테 택시 타고 가려고 했는데… 조금만 가까우면 제가

회의 나가기 전에 갔다 오려 했는데… 죄송해요…. 아무튼, 쉬세요. 제가 다시 전화드릴게요.

여기 와도….

▷ 네. 할머니, 어떡해요….

아이고…[울음]

▷ 아… 어떡해요, 할머니…. 울지 마세요.

아이고…[울음]

아이고, 어떡해…. 할머니, 제가 이따 회의 들어가기 전에 또 전화드릴게요. 울지 마세요. 죄송해요, 할머니….

숨도 안 돼… 숨도 인제 못 쉬겠어…[울음]

▷ 할머니, 제가 가서 할머니 모시고 병원 갈래요.

이것도 안 되고 저것도 안 되고….

▷ 병원 가시는 게 제일 좋겠는데…. 할머니, 저 보고 싶지 않으신가 봐요. 저 보고 싶으시면 병원 좀 가세요, 네? 오늘 거기 사람들한테 말해서 병원 좀 가달라고 말하세요. 그래야 할머니 뵙죠. 할머니가 오늘

만약에 병원 가시면 어떤 시간이든 시간 빼서 갈게요, 할머니 뵈러…. 할머니가 저를 보시면 기분이 좀 나아질 수도 있잖아요.

엉엉…[울음] 이제, そういうところじゃない(그럴 때가 아니야).

▷아, 할머니, 죄송해요. 아무 도움도 못 드려서…. 어떡해…. 제가 조금 더 생각해보고요, 다시 연락드릴게요, 할머니. 저 때문에 괜히 우신다, 할머니….

엉엉…[울음] 아이고, 色々お世話になってる(여러 가지로 신세만 지고 있어)….

▷아유, 할머니, 무슨 말씀이세요. 아이, 참…. 그런 얘기 하지 마시고, 할머니, 부탁드려요. 할머니가 저를 조금이라도 보고 싶으시면, 저 생각한다 하시고 병원에 좀 가세요, 할머니…. 이따 제가 다시 전화드릴 거예요, 병원에 가세요. 할머니가 오늘 병원에 입원하시면 병원 어디라도 제가 가볼게요.

안 돼… 아이고, 안 돼….

▷왜 안 돼요? 병원 가시면 좀 더 나아지실 텐데…. 그 방보다는 훨씬 낫겠죠, 환경이…, 할머니 환경이….

息ができない(숨을 못 쉬겠어).

▷그러니까 병원 가셔야 된다니까요, 할머니…. 아유, 참 정말 답답하다…. 병원 가시면 좋겠는데…. 할머니 괜히 저 때문에 우신다…. 죄송해요. 제가 지금 가보지도 못하고 전화로만 얘기하고… 너무 죄송해요, 할머니.

엉엉… [울음]

▷울지 마시구요, 할머니…. 일단 좀 쉬세요. 괜히 저 때문에 더 나빠지시겠다…. 할머니….

아이고… [울음]

▷할머니… 병원 가시는 거 생각 좀 해보세요.

2014년 3월 19일 오후 7시 7분[28]

간호사

잠을 자는데….

▷ 어제 오늘 추웠는데, 많이(더) 추우시겠네요.

아니. 나는 오늘은 하나도 안 춥고, 난 땀만 흘리고 있었고….

▷ 열나는 거 아니세요?

양쪽 다리에 땀이 막 흘러가지고 있었고…. 오늘은 나는… 또, 딴 사람은 춥다, 춥다, 아무 소리도 안 하는데, 땀이라 하나….

---

28) 이 날짜의 녹음은 유실되어 현재 나에게 없다. 하지만 할머니들을 보살피는 것으로 여겨지고 있는 지원단체나 병원의 현황이 잘 드러나 있어 수록하기로 했다. 특히 아픈 배 할머니가 누워서 창밖을 지나는 새와 고양이들을 바라보는 모습이 너무 처연하게 느껴져서, 꼭 넣고 싶었다.

▷할머니 열 있나 보다…, 열 있는 거 아니에요?

응, 열이라 열….

▷그 후론 병원 안 가셨어요?

응. 열이 나고…. 간호부는 가가지고 닷새고 엿새고… 다리가 아파가지고 좀 있었다고… 집에 가가지고 옷도 갖다놓고….

▷간호부가 안 왔어요, 또? 간호부가 밤에는 거기서 안 자요?

안 자지. 저… 저저, 어디라? 저… 동네 이름도 난 몰라. 가버려서….

▷그래도 아프신 분이 많은데 상주해야 되는 거 아닌가, 간호부가?

자기 집이 거기 있다고… [불명].

▷그래도 할머니 목소리가 며칠 전보다 훨씬 나아진 것 같은데요?

나아진 건 나아진 건데, 지금 밥도 안 먹고, 죽도 안 먹고. 오늘도 방에다 불을 안 넣었는데….

▷아직 추운데, 왜 불을 안 때줄까요?

글쎄…. 난 열이 있어가지고 불이 필요없다고… 엉뚱한 데(?) 열이 있어가지고… 그래가지고… [불명]다가 나중에는… 손님은 두 다리 뻗치고 도망가버렸어, 인천으로. 손님도 시간… 시간, 봐줘야 되지. 시간, 시간, 엉뚱한 소리 자주 하지…. 그렇지. 내가 뭐 전생에 (지은) 죄가 많은지….

▷아니죠, 할머니. 거기서 지금 잘못하는 거죠. 아이 참, 날도 추운데.

이 흔해빠진 링겔(링거)을 하나 안 맞고 있으니까, 사람이 죽을 노릇이지.

▷병원 가면 그런 거 맞을 수 있잖아요. 병원 가서 링거 좀 맞고 오면 기운 좀 날 텐데….

아유, 병원 거… [불명]하고, 간호부는 그리 돼먹은 여자라서… 자기 다리가 아파가지고, 즈그 집에 가가지고 닷새나 엿새나 안 나오고 있어요.

안 소장

▷아, 할머니, 요즘 안 소장 혹시 보셨어요?

몰라, 살았는지 죽었는지, 사무실… 소식도 없고….

▷아니, 그렇게 많지도 않은데, 할머니들 돌아보지도 않아요?

에… 참, 뭐, 할매들, 그런 거 보고 있는 거… 자기 일이나 잘하지 뭐.

▷ 아니, 그게 일이 아닌가요? 이상하네?

아니, 뭐 그 사람, 그 사람… 집에 얘기하고… 그런 거 하지.

▷ 음… 할머니, 지난번에 얘기하시던 거 얘기하셨어요? 재산 문제, 안 소장한테….

아무 얘기도 안 하고… 몰라.

▷ 어떡할지 걱정하셨잖아요?

병원

[중략: 할머니의 몸 상태 이야기]
에이, 여긴 집구석이고, 방이 아니지… 전부 지(자기) 일한다고 다 지랄하고… 아픈 사람이… 지금 병원에서는 감기 든 사람 받아주지도 않아.

▷ 왜 안 받아줘요, 감기 든 사람을? 지금 종합병원, 큰 병원 말씀하시는 거죠?

뭐, 링겔(링거)… 그러든지… 주사 맞으러 가든지, 집에 가서 맞든지,

독감기… 그런 거, 뭐… 그런 게 많아가지고, 병 취급도 안 해준다.

▷ 누가 그렇게 얘기했는지는 모르겠지만, 할머니는 워낙 연로하시니까, 꼭 그렇지만도 않을 거예요. 제 생각에는 할머니 병원에 입원하시면 제일 좋겠구만….

아유, 난 손 다 들었어, 요번에….

▷ 무슨 손을 다 들었다고요?

병 때문에 손들었다고….

▷ 그러니까요. 제 생각에는 입원을 하시면 좋겠는데, 거기서 입원을 안 시켜주는 건 아니에요?

아유, 아무 병원이라도… 무슨 병이다, 독감기… 그런 건 뭐, 병 취급에 들어가지도 않는다고 안 받아줘.

▷ 누가 그렇게 얘기했어요, 할머니? 간호부가? 거기 직원이 그래요?

아유, 이건 하도 들어서 이제 알아. 내가 가까운 사람한테도 듣고….

▷ 그건 남들 생각이고…. 만약에 할머니가 어딘가 입원하고 싶다 그러시면 병원 알아봐드릴 수 있어요. 할머니 돈도 있는데, 걱정 하나도 없잖아요. 그런 데 가서 보살핌 받으시는 게 훨씬 좋을 것 같은데요.

[중략: 몸 상태 이야기]

들어봐요. 지금 낮에⋯ 먹든지 안 먹든지, 창문만 빼꼼히 내다보면, 고양이들, 새들⋯, 창문 내다보고, 정신이 멍해져서 창문만 쳐다보고⋯. 병원에 죽어가지고 싣고 가면 받아주는가 몰라도, 거⋯ 다리 쪼끔, 다리 아니라 감기 쫌 들어가지고 오는 사람들은 안 받아준대요.

▷아니, 뭐 그럴 수 있는데, 좀 생각해보세요. 제가 아는 의사도 있고요, 원하시면 알아볼 수 있어요. 제 생각에는 그 방에 계시는 것보다는 훨씬 편할 것 같은데⋯. 그래서 돌봐주는 사람도 좀 쓰시고, 그러면 좀 편하시잖아요.

[중략: 몸 상태 이야기]

아유, 그치⋯, 밥도 안 먹지⋯. 여기 밥도 맛도 없지. 그래도 과일이면 조금씩 먹는데⋯.

▷할머니, 제 생각에는 할머니가 병원에 못 가실 이유가 없어요. 한번 또 생각해보세요. 만약에 거기서, 감기 정도로는 입원 안 시켜준다, 이렇게 얘기를 하면⋯.

아유, 내가 지금 여기 방에서 옴짝달싹 못 하는데, 병원 그렇게 다니고⋯ 그렇게 하면⋯.

▷할머니, 간병인을 쓸 수가 있잖아요. 간병인이라고 보살펴주는 사람 쓸 수도 있어요. 아유, 참, 저는 안타깝네요. 절에 기부하시는 것도 좋지만, 할머니가 조금이라도 편안하시면 좋겠어요, 제 생각에는⋯.

하여튼, 저는 그게 제일 좋은 방법이라고 생각하는데…. 서울에 입원하시면 제가 할머니 보러 가기도 좋고, 그렇게 생각이 드는데요. 한번 잘 생각해보세요, 할머니. 제가 내일 또 전화드릴게요.

아유, 높은 사람은… [불명] 소리를 자꾸 하고 있고….

▷ 답답하시죠?

밥이 한 뭉텅이라도 맛있으면 얼마나 좋겠어. 그래서 이 집의 밥도 맛도 없는 데다….

▷ 그러니까요. 제가 할머니를 만나야 설득을 할 텐데…. 할머니 너무 오래 얘기하셨다…. 오늘 일단 잘 주무시고요, 제가 또 연락드릴게요. 주무세요.

2014년 3월 24일 오전 10시 4분

검사

아유, 병원에 그 119에 실려가가지고, 내가 막 입원시켜달라고, 실려
가가지고….

▷주말에요? 언제? 병원에 다녀오셨다는 얘기죠?

응. 갔는데…, 어제, 어제.

▷어저께요. 근처 병원 가셨어요? 아니면 서울에?

안 그래도 피를 많이 빼가지고, 다리 수술하고 피 많이 빼가지고… 기
운이 없고 정신이 없거든. 기운이 다 빠져가지고…. 또 그 병원에 처
음 가는 거니까는….

▷ 어디 병원 가셨는데요? 그 근처? 아니면 서울로 오셨어요?

그래가지고… 그 병원 처음 가는 거니까… 다짜고짜로, 막 기운도 세데, 간호부들. 내가 그래서 막… 아무것도 뭘 안 먹어가지고… 아무것도 피가… [불명] 안 되어가지고… 내가 죽을 지경… 또 피를 빼가지고… 이제, 늙은 사람을 또 피를 빼가지고… 젊은 사람들 같으면 잘 먹으면 돌아오지만, 늙은 사람은 피가 잘 안 돌거든.

▷ 병원에 좀 입원을 하시지. 좀 보기만 하고, 검사만 하고 오셨어요?

아니. 좀 보고, 피를 빼가지고….

▷ 검사한다고요?

막, 몇 시간 조사한다고 어쩌데(어떻게 하데). 한다는 소리가, 뭘 안 먹어가지고… 기운이 없어가지고…, 그러니깐… 뭐 입원할 필요도 없고 집에 데리고 가라고 했는(한) 모양이라.

▷ 아, 병원에서? 그러면 좀 맛있는 걸 드실 수 있는 환경이 되어야 하는데….

뭘 자꾸 먹어야 되는데, みかん(귤)인지, 뭐 그걸 사가지고… 입이 바짝바짝 말라서… 그걸 가지고, 하나씩 까먹어도, 한 개나 두 개밖에 입에 안 들어가지. 입맛도 없고….

▷ 할머니, 이빨은 좋으세요?

아니, 이빨이 없다고….

▷ 드시려면 이가 좋아야 되는데….

이가 좋고 그래야 되는데, 이빨 다 빠지고… 이빨이 없잖아.

나눔의 집

▷ 제가, 할머니, 이번 주에는 안 소장한테 전화 좀 해보려고 그래요. 그동안 무슨 변화 없었어요?

아유, 전화해보고, 안 해보고….

▷ 아니, 할머니 얘기 안 하고 그냥 제가 조금만….

아니, 사흘 전에 일본 갔다고.

▷ 아, 그래요? 언제 온대요?

몰라, 오늘 밤에 오는지….

▷ 어떤 할머니 모시고 갔어요?

아이, ○○○이하고.

▷ 아, 그러고 보니 뉴스에서 봤다. ○○○ 할머니가 어디서 뭐 얘기했
단 얘기…. 그거 같이 갔군요.

그라고 뭐 사무실에 아가씨 하나하고 안 소장하고 셋이서 갔어.

▷ 아, 그랬구나. 내일이나 모레쯤에 전화하면 되겠네요. 한 번… 안
소장, 제가 전에, 그때 책 주고 전화하고 나서는, 그때 만나고 나서는
못 만나서요. 한 번 더 전화해서 만나자고 얘기하려고 해요. 그러면
제가 할머니 뵙기도 좀 쉬울 거 같아서…. 그렇군요. 정대협처럼 열심
히 강연을 다니나 봐요?

누가?

▷ 거기, 안 소장과 할머니들이….

오래간만에 갔지, 아주 오래간만에….

▷ 네. 들어보니까 의견이 저랑 많이 다른 것 같지는 않아서, 얘기를
할 여지가 있겠다, 그렇게 생각을 하고는 있는데…, 모르겠어요. 이런
저런 생각이 많은 것 같으니 그냥 순수하게 마음을 털어놔줄지는 모
르겠는데, 한번 전화해보려고요. 그러면 제가 할머니 뵐 수가 있죠. 할
머니, 그래도 좀 드셔야 되는데. 제가 안 소장하고 관계를 잘 만들어서
할머니 뵈러 갈게요. 날이 많이 따뜻해졌어요. 거기도 따뜻해요?

수면제

아유, 그게 아니고…. 지금 내가… 죽고 싶은데도… [불명] 잠 오는 약을 먹는데… 밤낮 열 개씩 열 개씩 줘가지고 먹는데…. 인제 나보고, 그거 먹고 뭐 어쩔까 봐 그러나(그러는지)…, 그거를 안 주면 안 되거든. 내가 몇십 년을 잠 오는 약을 먹었는데….

▷ 늘 잠자는 약을 드세요?

웅. 잠 오는 약을 안 줄라 해서 간호부하고 자꾸 막…. 간호부가 거짓말로, 밤에… [불명]을 봐가지고…. 그럼 또 집에 가버리잖아. 에휴, 가버리는데, 또 그따구(그따위) 소리 하더니… 내가, 또… 한 개밖에 안 먹거든.

▷ 아, 잠 오는 약을 한 개….

그 한 개도 위험하다고…, 내가 밥을 안 먹고, 항상 밥을 안 먹고 그러니까, 이제 위험하다고 안 주지. 그래서 내가 그거 달라고…. 기운은 없어 죽겠지, 먹은 건 없지. 잠도 안 오고…. 나는 잠을, 수년을 그 약을 먹었기 때문에, 잠 오는 약을 안 주면 이틀이고 사흘이고 눈만 메롱메롱 해가지고 그렇다고…. 약이라고 하는 건, 누구든지 들어간다고 듣는 게 아니거든. 그렇기 때문에 밤에 봐가지고… 저년이 가져갔는가 하고 말 뿐이지.

▷ 네… 힘드시겠다, 잠을 못 주무시면…. 할머니가 자꾸 죽고 싶다고

그러셔서 그랬나 봐요.

아유, 그래도… 자꾸 막, 뭐 고기나 한 숟가락이라도 먹이려고 붙어서 있거든. 일체 한 숟가락도 내가 안 먹고 하는 것 같으면 또 위험할라고(위험하게 될까 봐) 그러는지는 모르겠지만….

▷아, 여러 가지로 힘드셔서 어떡해요? 그래도 날 좀 따뜻해졌으니까 조금 더 기운 차리시고요.

아유, 기운 차리고 안 차리고…. 나도 어쩔라고 그러는지…, 사람인데, 기운이… 사람이 기운이 몸에서 싹 빠지고….

▷아이고… 할머니 몇 달 전에 뵈었을 땐 참 좋으셨는데…. 저랑 얘기도 잘하시고…. 아무튼, 제가 내일 얼굴도 좀 보여드리고 그러면…. 날도 따뜻해졌으니까요. 마음먹는 게 제일 중요해요. 맛없어도 좀 드시고요.

맛없으면…. 지금 이상하게 상황에, 1년, 2년이나 되었는데… 밥맛 있다가 없다가 있다가 없다가… 2년을 계속 그렇게 있었는데… 여기에 친구 하나가, ○○○이라고 친구 하나가, 못 먹고 죽었어요. 아무것도 못 먹고, 병원에 갖다놔가지고, 코에다 그거 끼워서 코로….

▷영양 공급하는 거 있죠, 네, 알아요.

넣지만, 한 숟가락 들어갈 거야, 두 숟가락 들어갈 거야? 기가 막히지.

뭐 답답하고 그래, 그게. 병든 사람들… 이제는, 결국은, 안 먹고 못 견디고 죽었어요.

▷ 아이고, 안 드시면 그렇죠, 당연히. 드셔야죠, 그러니까….

맛이 없어. 한 2, 3년도 더 됐을 거라.

▷ 할머니 입맛에 안 맞는가 봐요. 제가 조만간, 가면서 뭔가 맛있는 거 사갈게요. 초밥이나… 뭐든지…. 제가 다시 여쭤볼게요. 일단 날 따뜻해졌으니까, 햇볕도 좀 쬐시고 기운 차리세요.

아이고, 방에서, 누운 채로 꼼짝도 못 하는데….

▷ 꼼짝도 안 하시면 더 나빠지는데, 몸이….

몸에는 기운이 싹 빠져가지고….

▷ 그러니까요, 햇빛 비치는 쪽, 마루 쪽으로라도….

에이, 그게 안 되지. 방에서 누운 채로 꼼짝도 못 하고….

▷ 일어나 앉지도 못하세요?

일어나가지고… 뭐 먹으라고…, 일어나가지고 한 5분 앉았다가….

2014년 3월 28일 오후 5시

남기고 싶은 말

(나.) 병원 갔다 왔잖아.

▷ 병원 갔다 오셨어요?

딴 말 할 건 없고…. 밖에서 누가 듣는다. 그렇기 때문에, 얘기도 길겐 못 하고 간단하게…. 오늘 내가 힘을 내가지고… 힘을 내가지고… 아 까 그 사람들 [불명]했는데…. 낮에, 일본 사람하고 키 큰 사람하고 왔 데. 와서 4시 반까지는… [불명] 갔다고….

▷ 지난번에 왔던 사람들이요?

응, 그 일본 사람. 딴 얘긴 묻지 말고…. 내가 밤중에 어찌 될지 모르 니…. 그리고 옛날에, 일본말 배우니깐… 인신매매 있잖아…, 그런 사람들이 그거 해가지고, 말하자면 뭐, 挺身隊(정신대) 잡아갔지, 일본 정부에서 절대로 그런 짓 안 했거든. 이건 우리 둘이 얘기인데…, 아베 상(?)도 그 속이 아프지 싶어. 안 한 걸 했다고 하니깐. 그렇고… 딴 말은 또….

▷ 할머니는 그 말씀을 지금 다시 하고 싶으시군요.

응. 그러니까, 그 사람들이, 그때 그 당시에 인신매매한 사람들이, 전부 일본말 배워가지고 일본말 하고 돌아댕기고… 막, 인신매매했지. 일본 정부에서 한 건 없고. 그 뭐 挺身隊(정신대) 데리고 간다 하면서…. 근데 오늘도, 그분이 와서, 잠깐 앉아 있으니까 둘이 나타나서, 날 보더니 몸이 안 좋구나 하면서 다가왔는데, 시계 보니까 네 시 반까지 딱 가서….

▷ 아, 오래 있다 갔구나. 그러면 안 소장하고 얘기를 많이 했나 봐요.

응. 그리고 딴 사람은 딴 얘기 하든가 말든가…, 그 뭐고, 여기서 말하면 딴 사람이 다 듣고 있을라나 모르겠지마는… 아프다 하더니 누구하고 얘기하나 하고…. 근데 이제 내 맘은 전에 정신대에 데려간다, 정신대 데려간다, 뭐 이런 말은 있었거든. 있어도, 일본, 뭐 군대가 일본… [불명]의 사람이, 잡아가고 뭐 그런 건 없지 싶어.

▷ 네, 할머니. 제가 그런 말씀 잘 알고 있을게요.

속으로만 알고. 나도 속으로….

▷그래도 할머니 생각은 그런 게 좀 알려져서 일본 사람들이….

그 사람들이 미국으로 독일로, 온데다가 일본이 그랬다고 하고, 선전을 하고, 자꾸 저러니, 나도 보기 딱하고 듣기도 딱하고…. 그 내 위에는… 전부 저 사람들이 오늘도 와가지고, 무슨 얘기 했는지는 모르겠지만…, 배상 달라고밖에 얘기 안 했겠지만, 그 사람들 요구는 그거밖에 없잖아.

▷그러게요. 그래서 사실은 할머니 같은 분의 목소리도 들려야 하는데…. 할머니, 건강하셔야 해요, 그러니까….

피 빼서. 피를 빼가지고, 지금은. 일어났는데, 뭐를 갖다놓고 갔는데, 도저히…. 지금은 죽도 못 먹고 이것도 못 먹고…, 전부 입에서…. 1년, 2년 됐어, 이거, 밥 못 먹은 지가….

▷할머니, 제가 맛있는 거 사다드려야 되는데요, 제가. 할머니….

아니, 이제 사가지고 오는 것도 안 돼. 뭘 가져와도 못 먹고… 다 쳐다보기도 싫고….

▷만약에 못 드시면….

내 얘기만 들어요. 그리고 내가 지금은 이것저것 안 돼서… 차라리 굶어가지고, 독약이라도 옆에 있으면 먹고 싶어. [누가 할머니한테 말을 건다] 예…. [전화 끊김]

2014년 4월 13일[29]

자기증명

자무쓰(佳木斯: 중국 헤이룽장黑龍江성의 도시-편집자), 그 킨팔루(金八樓?), 그 몇 군데가 있는데, 다른 데는 잘 모르고, 내가 있던 자리. 1942~ 43년도…, 그것 때문에… 42년도….

▷ 할머니, 여기 몇 년도에 계셨는데요? 킨팔루? 거기는 몇 년부터였어요?

들어가가지고 그래 있다가 나온…, 그리고 りんこう、りんははやし、

---

29) 할머니가 병원에 입원했다는 전화를 받고, 이날은 병원으로 문병을 갔다. 그런데 배 할머니는 이야기 도중에 나에게 당신의 이야기를 메모하라고 했다. 그래서 메모 대신 핸드폰으로 녹화했다. 이날은 특히 당신이 하얼빈 어디에 있었는지를 구체적으로 말하고 싶어했다. 평상시에 다른 '나눔의 집' 거주 위안부 할머니들이 자신의 체험을 명확하게 말하지 못하면서(배 할머니는 그렇게 생각했다) 오히려 배 할머니를 따돌림하는 데에 대한 설움을 풀고 싶으셨던 것 같다. 그리고 이어서 언제나처럼 당신이 이해한 위안부에 대해 설명했다.

こうはくち라 하거든, 중국말로 입 구口자…(林口, 림은 林, 구는 口: 역시 헤이룽장성의 林口현-편집자)…. 서쪽으로 쭉 들어가면 동안(東安: 만주국 시절인 1939년 6월부터 1943년 9월까지 지금의 헤이룽장성 동남부에 설치되었 던 동안성의 성도로, 지금의 밀산密山현이다-편집자), 동동안에서 서동안… 좀 더 올라가면 서동안인데, 그 동안에는 옛날에 등월루라고 있었어. 한국말로 해야지, 그… 발음을…. 43년도에 그 등월루에 있었는데, 거 게(거기에) 있었나, 킨팔루가….

조사하면 되죠.

45년도까지 위안부… 킨팔루하고 등월루하고 있었나? 딴 데는, 한 군 데는 알아도 못 따라갔으니(?) 말할 필요도 없고…. 내가 있어도, 군인 한테 뭐 잡혀갔다 이런 소리를…, 그렇게 오래 있어도, 해봐. 그 여자 들이 그런 얘길 안 하겠어? 자넨 어째가지고 이리 왔는데, 그런 말이 있지 않겠어? 그런데 그런 소릴 들은 적이 없다고, 그리 있어도….

▷ 그래도 멀리 동남아시아 쪽으로 간 사람들은 좀 다르지 않을까요? 전쟁터나….

몰라, 난. 그쪽은 모르고. 나는 중국밖에 모르고, 싱가포르나 딴 나라 간 사람은 난 모르고. 중국에 그때 전방에 위안부가 둘이 있었다 카는 걸 내가 증명하는 거고…. 그래, 그때는 내가 본 이름으로 있었는지, 그땐 일본이름으로 바꾸고 했잖아…, 웅, 그러니까….

▷ 할머니 이름은 뭐였어요?

아이, 배춘희라 했지.

▷ 일본이름 갖고 있지 않았어요?

아니. 일본이름 잘 안 썼어. 잘 안 쓰고. 그땐 전부 일본이름 쓰라 뭐했거든…. 그렇지마는 난 그걸 안 쓰고, 내 생각에는… 배춘희라 카는, 그 이름 그대로 썼지. 식구도(?) 몰라. 지금 생각이… 아롱아롱 생각이 안 나는데, 그래도 그 일이, 내 생각에는 終戰後(전쟁 끝나고), 끝났는데, 왜 인자사(이제야), 1992년에 이런 얘기가 갑자기 나왔나…, 나도 聞いてびっくりや(듣고 깜짝놀랐다고). 나도 그땐 그 뭐 해가지고 오고 옛날에는…그게 끝나고… 옛날에는 여기에, 서울에, 옛날 동네, 신마치라고 있었는데, 그거는 모르지만 뭐, 팔려오고 그런 사람도 많았지, 전국적으로…. 전라도 군산, 어디어디, 다 그런 게 있었겠지. 그런 소린 들어도, 해방나고는 전부 지(자기) 갈 데로 다 가고, 지 갈 데로 다 가가지고는… 芸人(딴따라?) 되고 뭐 되고 뭐 되고…. 그때는 그 뭐라, 일본에 위안부라 카는 말도 없었고….

▷ 할머니…. 근데 할머니 너무 힘드실 거 같아 걱정이다…. 괜찮으세요? 너무 말씀을 많이 하셔서….

근데 위안부라 카는 얘기는… 日本の(일본의) 軍隊、お世話する、千人ばり、천인하리とか、色んなこの兵隊さんをお世話する、그런 エプロン(군대를 돌보는, 천인침,[30] 천인침이라든가, 여러 가지로 군인을 돌보는, 앞치

---

30) 후방 여성들이 군인의 무사안위를 빌며 한 땀씩 바느질해 군인에게 전달한 헝겊. 부적처럼 몸에 지닌 군인들이 많았다.

마) 딱 입고, あれする方を(그런 거 하는 사람들을) 그때는 위안부[31]라고, 慰安婦、婦人… 그케 했거든. 근데 그게 우찌 인자 돼서… 九二年度에 (92년에) 위안부라 카고….

▷ 그러니까요. 경험이 다 다양하잖아요? 할머니는 중국에 계셨으니까 할머니가 경험하신 게 있고, 또 필리핀이나 싱가포르나 인도네시아 가신 분은 또 그런 분들의 경험이 있고….

그러니까. 어디 있었는가, 그것도 동네까지 다 확인해야 돼.[32]

▷ 다양한 경험을 듣고 종합적으로 판단해야 하는데, 지금까지 할머니 같은 얘기는 별로 없었던 거예요.

그때는 兵隊、二等兵、伍長、少尉、中尉(군인, 이등병, 오장, 소위, 중위)…, 이런 兵隊(군인)들이, 가다가다 높은 사람들이 다 있었거든. 그때도 그 노래까지 있었잖아. 새벽 되만 新兵さんはかわいそうね…まだ寝て泣くのかよ…(신참병들은 불쌍하기도 하지… 아직 이불 속에서 우는 거니…).

▷ 할머니, 빨리 건강해지세요. 건강해지시면 밖으로 모시고 다닐게

---

31) 전쟁터로 떠나는 군인을 위로하고 사기를 진작하기 위한 활동을 한 단체는 '국방부인회'다. 그런데 '국방부인회'에는 사회에서 차별받는 '유흥'계급 여성도 많이 참여했고, '위안부' 역시 마찬가지였다. 기본적으로 전방에 있는 남성들을 위한 여러 가지 일을 후방 여성들이 하는 구조였으나, 외지에서도 '국방부인회'가 조직되었기 때문에 '위안부' 역시 '국방부인회'의 일원으로서 군인의 옷을 빤다거나 묘지를 돌보거나 하는 활동을 했다. 배 할머니는 '위안부'를 '국방부인회'와 동일시하는 것처럼 보이지만, '위안부'의 기본 역할을 '군인을 뒷바라지하는 일'로 인식하고 '위안소'를 그 범주 안의 일로 인식하고 있었던 것 같다.

32) 다른 위안부 할머니들의 증언에 나오는 장소를 구체적으로 확인해야 한다는 뜻.

요. 할머니, 여기(입원실) 간호하시는 분이 너무 신경 쓰셔서 오래 못 있을 것 같은데… 아무튼, 내가 지금 여기 왔다는 걸 '나눔의 집'에서 알게 되면, 저는 여기 또 못 들어오게 될지도 몰라요. 그러니까 퇴원하지 마시고 여기 계세요. 여기가 좀더 안 춥고 좋잖아요.

그건 좋은데, 여긴 사람이 부족해서… 어디 나가면 30분, 1시간….[33]

---

33) 이때 수간호사가 누군가와 통화한 후 다가오더니 보호자가 아니면 문병이 안 된다면서 나가라고 했다. 그래서 더이상 녹화할 수 없었다.

2014년 4월 16일 오후 6시 42분

보호자

○○○도 한패가 되어갖고 나를 여기 성당[34]에 갖다났거든.

▷ 그러게요. 그날도 할머니가 오랜만에 저 보고 반가워하셨는데, 저는 저대로 진작부터 할머니 뵈러 가고 싶으면서도 안 소장이 저를 경계해서 못 갔던 거잖아요. 그러다가 병원에 계신 거 알고 간 건데…. 지금 제가 또 병원에 가도 못 만날 거예요. 전화도 하지 말라 하고…. 수간호사가 외부 사람은 못 만난다 하니…. 그래서 든 생각인데, 할머니 괜찮으시면 제가 보호자 될까요?

응. 보호자 되어달라고.

---

34) 당시 입원한 광주 시내의 병원은 기독교 계열 병원이라고 했다. 그 병원을 '성당'으로 표현한 것.

▷ 그럴게요. 그러면 제가 방법을 생각해볼게요.

그리고 난 불교도인데, 여태 불도에…. 평생 절에 기부하고 내가 한평생을 오늘까지 부처님인데, 날 여기서 죽으라고 성당 시설에 갖다놨거든.

▷ 그것도 그렇지만, 무엇보다 외부 사람 못 만나게 하고 연락 못 하게 하는 게….

어. 못 만나게 하고….

▷ 그럼, 제가 (보호자가 되는 걸) 알아볼게요.

그러니까, 어떤 수단을 써서라도…. 그 집에 전에 있던 어떤 뚱뚱한 여자도 ('나눔의 집'이) 참 이상한 집이라 하고 다시는 안 온다고 하고 나갔거든. ○○가 아플 때 날 보고 들어와갖고… 나를 노래 잘 부른다면서 위안부 기다(맞다), 아니다… 누명을 씌워갖고. 그 여자가 성당 다니는 여자인데, 난 죽어서도 불도 길을 가야 하는데… 저승을 가더라도 불도 길을 막을라꼬(막으려고) 일부러 성당 시설에 갖다놨는 기라, 나를….[35]

▷ 아무튼 편안하게 계셔야 하고… 무엇보다 이런 게 문제이니, 정말

---

35) 불교 시설인 '나눔의 집'이 기독교 계열 병원으로 모시고 간 건 근처에 적당한 병원이 없었거나 하는 이유일 터이니, 이 부분은 할머니의 오해일 수 있다. 하지만 그만큼 '나눔의 집'에 불신이 컸다는 이야기일 것이다.

알아볼게요.

그 집이, 옛날에 일본 사람 어떻다, 어떻다… 하고 전부 배상만 바라고 있고… 같이 요구할 때 나는 요구 안 한다고, 날 일본 사람 좋아한다고, 일본 사람 편이라고 그 지랄 하며 누명 씌워서… 안 핸(한) 걸 했다 하고 날 누명을 씌워가지고 따돌릴라 하고 있다고….

▷ 알았어요. 그럼 제가 어떤 식으로 하면 좋을지, 아는 변호사한테 물어볼게요. 알아봐서 (할머니의) 보호자 될 수 있는 방법이 있으면 되어드릴게요. 그러면 되겠죠? [응.] 너무 속상하네요.

응. 아픈 거도 아픈 거지만, 내가 막 너무 억울하고… '나눔의 집' 가만히 한… (행동을 생각해보니) 전에 있던 여자가 참 이상한 집이라 하면서 두 번 다시 이 집에 안 온다 하고 나갔거든.

▷ 그러면, 제가 오늘 밤에라도, 수속이 필요할 테니까, '나눔의 집'이 할머니의 법적 보호자인지 그냥 보호자인지 잘 모르겠는데…, 그 관계를 좀 알아보고요, 할머니, '나눔의 집'하고 무슨 사인 같은 거 하신 거 있어요?

아니. 무슨 사인?

▷ 그런 거 없어요? 그냥 보호하고만 있는 거지요?

응.

▷ 네. 그럼 제가 알아보고 다시 전화드릴게요.

네.

2014년 4월 23일

의구심

▷ […] 인제 좀, 아마 어떤 법적인 문제가 될 수도 있고, 그걸 할머니가 원하신다면 제가 변호사한테 물어볼 수는 있다는 얘기예요. 그렇게 하기 전에 이러이러한 방법이 있다고 알 수가 있고, 그럼 그걸 또 제가 할머니께 말씀을 드리고 상의를 드릴 순 있어요. 그런데 할머니가 원하지 않으시면 그렇게 할 수가 없고…, 지금 현 상황을 움직일 수가 없는 거지요.

아니, 저… 움직일 수 있고 움직일 수 없는 거보담도, 그러면은, 결국 말하자면 나한테 보호자가 되어가지고 따로 행동을 하겠다…, 인제 이래 생각을 하는데, 근데 그 새끼는 또 지가 보호자라고 또 개소리 칠 거 아이라(아닌가)?

▷ 그러니까 그전에, 그건(정식 보호자가 되는 건) 시간이 걸린다 하니까,

금방 (보호자 수속을) 하지 않아도 그전에 할머니를 만날 수 있는 어떤 길이 있는지를 물어볼 수는 있다는 거죠. 할머니가 할머니 생각대로 못 한다는 건 할머니의 권리를 방해받고 있는 거거든요. 누구나 사람이 자기 하고 싶은 대로 할 수 있는 건데, 남한테 피해를 안 주는 범위 안에서…. 근데 지금 상황은 할머니의 권리가 침해받고 있는 거예요.

그래, 그러니까 그건 또 고사하고, 고사하고…. 그래, 인자, 또 뭐, 이… 일본에 가가지고, 다른 단체를 만들고, 뭐 맨들고(만들고)… 우리들은 언제 죽을지 모르는데…. 그건 또 일본 가서 무슨 볼 일로 그랬는가는 몰라도….

▷ 저요? 저는 제 일로 갔지요.[36]

그러니까, 거기도 일로도… 거기도 또 들어보… 글면(그러면), 거기 생각은 '나눔의 집' 할머니도 전부 정직하다, 이긴가(이건가)?

▷ 다 정직하다고 생각하냐고요? 아니요. 할머니는 여러 할머니가 계시죠. 그리고 제가 '나눔의 집' 할머니들 중 제일 많이 얘기한 분은 할머니고, 그 외에는… 제가 지금 두세 번밖에 못 갔잖아요. 그때 할머니 보셨던 대로 처음에 할머니 만나서 많이 얘기했고…. 그리고 따로 ○○○ 할머니를 뵌 적이 있어서 ○○○ 할머니도 전화로 그 이후로 얘기한 적이 있고요. 그 외에는 특별히 제가 얘기한 사람이 없기 때문에, 그렇게 뭐, 제가 판단할 뭐는 없지요, 아예. 뭔가 신경 쓰이세요?

---

36) 가끔 할머니 이야기를 바로 알아듣지 못하는 경우가 있었다. 이 경우도 안 소장에 관한 이야기를 나에 대한 이야기로 착각했다.

아니, 뭐가 신경 쓰이는 것보담도… 거기는, 또 그래(그렇게) 판단을
해가지고 달리 또 문제를 해결할 그게 아니면, 또 똑같은, '나눔의 집'
소장이나 거기나….[37]

▷ (저와 안 소장이) 똑같을 수 있다는 말씀이시죠? 무슨 말씀인지 알겠
고요, 그… 지금, 똑같다는 게 어떤 얘기인지 모르겠지만, 제가 할머
니한테 여러 번 말씀드린 것처럼…

나는 내(나)대로 내 인생 많이, 얘길 다 했는데, 그래고(그리고) 인자,
말하자면 거기가(당신이), 거기… 할마시들 과거를 함(한 번) 들어보
고…, 뭐 들어보고 인자 있는데, 우째(어떻게 해)가지고 소장… 그게
(당신을) 자꾸 거절하고 뭐 그따우(그따위) 짓을 하….

▷ 아뇨, 딴 사람은 만난 적 없어요. 제가 할머니하고 얘기하는 걸 알
고 그러는 거죠. 그리고 제 생각에는… 지금 제가 다음 주에 모임 한
다고 했잖아요. 처음부터 그 모임 한다고 생각할 때부터 사실, 할머니
목소리가 소중하기 때문에 할머니를 모시고 싶다고 생각했었어요.
근데 지금은 할머니 몸도 안 좋으셔서서 어려우실 것 같긴 하지만….

그런데 거기… 거기 나가서 막 얘기하고… 뭐, 그런 얘기 하고 하는

---

37) 문병을 간 이후로 '나눔의 집' 소장이 나에 대한 이야기를 배 할머니에게 나쁘게 한
듯했다. 이 무렵은 4월 29일에 개최하기로 한 심포지엄 〈위안부 문제, 제3의 목소
리〉를 외부에 알린 이후였기 때문에 인지했을 가능성이 높다. 그리고 배 할머니는
내가 '다르게 문제를 해결'하는 게 아니면 결국은 기존 지원단체들과 다를 바 없이
사죄·보상을 요구하는 방식이 아니냐는 이야기를 했던 것이다. 당시는 사죄·보상
에 대한 배 할머니의 생각을 충분히 이해하지 못했기 때문에 그런 의구심의 진짜
의미를 이해하지 못했다.

게 아니라… 나는 저기 뭐야, 저 박유하만 몸에 간직하고 있지. 내놓고, 그 사람들은 배상 때문에 눈이 디비져가(뒤집혀) 있는데, 눈이 홀딱 디비져가 있는데, 내 얘기해봐…?

▷ 네. 알아요, 그래서 할머니한테… 저도 사실… 할머니나 저도 그렇고….

배상

일본에는(은) 배상 준다 카능가(하는가)?

▷ 그건, 그렇게 하도록 해봐야죠. 그럴….

아이, 아이, 그러지 마라. 주든가 말든가 관계없어도… 일본에는 지금 남아 있는 사람 배상을 줄라….

▷ 의향은 있어요, 의향은 있는 걸 제가 알고 있고요, 의향은 있는데, 어떤 법… 지금 그 정대협이 요구하는 그런 방식으론 안 된다는 거죠. 제가 그 차이는 말씀드렸잖아요.

아이고. 그 새끼들 멍텅구리라(멍텅구리야). 아이고, 일본에(일본의) 그 새끼도 멍텅구리라. 아이고….

▷ 왜요?

그런 것 같으만(같으면), 지가 그런 짓을 했다 카는(하는)… 배상 내 놨… 지그들이 잡아갔다 카는 証拠じゃない(증거 아닌가).[38]

▷아, 그런 걸 하는 게 오히려… 증거가 된다고요?

그렇지.

▷이게 지금 한두 마디로 설명하기가 어렵지만…, 아무튼 일본도 할 말이 있겠지만, 사죄하고 보상할 마음은 있어요. 그래서 지금 할머니 생각은, 그렇게까지 뭐… 이런 생각을 하시지만…, 워낙 다양한 체험을 한 사람이 많기 때문에… 할머니 생각하시는 것처럼 그렇게 꼭 해야 되나, 이런 사람도 있고, 또 좀더 심한 체험을 한 사람도 있고….

근데 이게 국가 문제가 돼버렸기 때문에 하나의 형태로만 해결을 해야 되는 그런 상황이라서 더 어려운 거예요. 그런 의미에서 모순이 많지만, 그래도 그렇게 되어버린 그런 상황을 다 같이 보면서 현명하게 처리를 해야 되는데, 그렇게 생각하는 사람은 없고, 할머니 말씀대로 할머님들도 배상에 집착하는 분들도 계시고, 또 그걸 이용하는 지원단체도 있고…, 이런 게 문제잖아요. 또 그것 때문에 더 해결이 안 되기 때문에 저로서는 안타까운 거고요. 그래서 오히려 할머니 같은 분…, 그동안 다른 분들 목소리에 묻혀서 세상이 할머니 같은 분이 있다는 걸 몰라요. 그래서 저는 할머니 목소리를 밖으로 내보내고 싶었고, 그게 훨씬 더 해결에 효과적이라고 저는 생각을 하는 거죠. 그랬더니 그걸 알고, 지원단체나 다른 위안부 할머니들은 다른 행동과 다

---

38) 한국이 강제연행을 주장하므로, 일본이 배상을 하면 한국의 주장을 인정하는 것이 되지 않느냐는 뜻. 이 발언에는 내심 많이 놀랐다.

른 생각을 하니까 저 같은 사람이 불편할 거 아녜요. 그러다 보니까 할머니도 못 만나게 하고 그러는 것이고….

그럼에도 불구하고 지금 할머니, 이런 (생각 하시는) 게 알려지고 그러면, 안 소장한테 또 무슨 소리 들을 거고, (그렇게 되면 할머니가) 불편하시고 그렇잖아요. 그래서 저도 사실 불편해요. 근데 그런 상황 자체가 문제라는 거고요. 그걸 많은 사람들이 알아야 이 구조가 바뀌어요. 힘들고 두려운 일이긴 하지만, 저는 그걸 해야 한다고 생각해요. 그래서, 몇 분, "법적 배상 필요없다, 뭐 그냥 보상만 해주면 좋겠다", 이렇게 얘기한 분… 그런 분들의 목소리를 내보내고 싶지만, 할머님들도 두려워하는 그런 구조인 거예요.

그래서 다 같이 할 수밖에 없어요, 제 생각에는. 그런데 아무도 안 한다 그러시고…, 어떤 분은 얼굴 안 나오면 한다, 이렇게 얘기하신 분도 계세요. 그래서 어떤 형태가 될지 잘 모르겠지만, 저로서는 소수의 목소리라도 내보내야 한다고 생각을 하고 있고, 많은 사람들이 듣게 할 준비는 되어 있어요. 언론인도 많이 불렀거든요. 그렇게 우리 목소리에 귀를 기울이는 사람들을 만들지 않으면 현 상황이 정말로, 할머니 돌아가실 때까지 안 바뀔 거예요. 그게 참 안타깝다는 거죠, 저는….

뭘, 뭘 안 바꽈(바꿔).

▷아무것도 안 하면, 이 상황이, 이런 답답한 상황이 끝까지 안 변한다는 거죠. 그리고 한일관계도 더 나빠질 거고, 할머니들은 할머니들대로 속상한 채로 그냥 돌아가시고…. 그게 뭐예요. 저는 그런 걸 안타깝게 생각하는 사람인데, 그렇게 말하는….

불신

아, 그럼…, はっきりいって(분명히 말해) (당신은) '나눔의 집'을 생각하는 기라(거야)? 아니면 일본을 생각하는 기라(거야)?[39]

▷아, 저의 입장을 알고 싶으신 거예요?

그, 그… 나도 참 이 상황을 모르겠네.

▷네. 얼마든지 물어보고 싶으신 거 물어보세요. 저는 어느 쪽 입장도 아니에요. 여러 가지 정황을 보면서… 우선은 해결을 하고 싶은 사람이고, 합리적으로…. 지금 사실, 이 20년 동안 이 문제가… 끌다 보니까 다들 조금씩 잘못을 했어요. 판단이나 행동이나 이런 데서…. 그런 걸 다들 조금씩 먼저 인정을 해야 한다고 생각하고, 거기서 새롭게 논의를 해야 하고….

제가 다음 주에 하는 모임에서 양쪽 정부에 협의체를 만들라고 제언을 해요. 그 협의체는 그냥 지원단체뿐 아니라 위안부 할머니도 넣어야 된다고 얘기를 했고, 또 이 문제에 관심을 가져왔던 제3의 사람들, 이런 사람들과 정부와 다 같이 모여서 얘기를, 논의를 처음부터 다시 해야 이 문제가 풀린다는 게 저의 생각이고요, 그걸 공식적으로 제안을 해요, 다음 주에. 관심을 가진 외교관들하고도 이야기를 하고 있는데, 잘하면 잘 될 수 있다고 생각해요. 근데 중요한 건, 목소리

---

39) 일본을 상대로 배상을 받으려 하는 '나눔의 집'을 배 할머니가 못마땅하게 생각했음을 보여주는 발언. 내가 사죄·보상을 말했기 때문에 '나눔의 집'과 입장이 다를 바 없다고 생각한 듯하다.

를, 물론 저 같은 학자도 내지만, 위안부 할머니들은 어떻게 생각하는 지… 위안부 할머니들도 다 생각이 다르잖아요. 할머니들도… 다른 목소리도 있다는 걸 그 제3자들이 아는 게 중요해요. 근데 지금은 아무도 몰라요. 할머니 같은 생각이 있다는 건 아무도 모르고, 다들 법적 배상을 요구한다고만 생각을 해요, 정대협이나 '나눔의 집'에서 그렇게 얘기를 했기 때문에….

그 사람들은 뭐… 뭐시고 거시고 다 버리고, 거저… 막, 배상만 받아 낼라고 지금 대가리 쓰고 있는 사람들이잖아….

▷ 정대협의 경우는… 법적 배상이라고 해서, 국회에서 법을 만들어서 배상하라는 게 정대협의 생각이고요, 과거의 그 일이 국가 범죄다, 이런 생각에서 그런 얘기를 하고 있어요. 저는 그 부분에서 생각이 조금 다르죠. 잘못한 일은 잘못한 일이지만, 그런 식으로…. 저의 생각을… 작년에도 책에 쓰고 그런 건데, 본인들하고 다른 얘기를 하니까 제가 불편하고 싫은 거죠.

근데 워낙 그쪽이 다수인 데다가 20년 동안 같은 소리를 해서, 지금은 그 사람들뿐만 아니라 전 국민이 똑같이 생각하도록 만들어진 상황이라서 너무나 힘들어요, 사실…. 그럼에도 불구하고 해보려고 생각을 하고 있는 거고, 지금 할머니가 이 '나눔의 집'에서 혼자라고 생각하시는 것처럼, 저도 어떤 의미에선 혼자지만, 그래도 주변에서 조금씩 저한테 동의해주는 사람이 있어요. 그래서 그 사람들이랑 같이 모임을 해요, 이번에.

또… 그 부산의 지원단체, 김문숙 회장님도 이번에 오세요. 그분도 오시기로는 되어 있는데, 정대협, 그쪽에서 계속 그분한테도 나가지 말라고 압력이 들어가고 그래요. 그래서 돌아가는 상황 자체가 참 답답하네요, 정말로…. 그러면서 저를 나쁘게 말해야 하니까, 저를 친일파라는 둥 일본 말을 듣는다는 둥, 이런 식으로 얘기를 하는 거죠.

그, 그래. 그래서 난 그 새끼 말을 안 듣는다꼬.

▷그니까요, 할머니. 그 얘기를 할머니가 공식적으로 해주시면 정말 사람들 귀가 번쩍 뜨일 거예요. 그리고 할머니가 이렇게 몸이 안 좋으시니까, 저도 그걸 억지로 권하고 싶지는 않고, 이런 목소리를 간접적으로 전하라든가… 해주시면 제가 전할 수는 있죠.
　사실, 말을 안 하면 편하죠. 근데 한국에서 일본을 가르치는 사람으로서 너무 여러 가지로 잘못 돌아가고 있으니까, 하려는 것이고…. 방해하는 세력이 너무 많아서 참 힘들긴 하지만, 저는 어떤 의미에서 이런 여러 가지 문제적인 상황을 봐버린 사람으로서 (이 같은 활동이) 의무라고 생각을 하고 있고…. 아마 이번이….

아, 그럼, 정대협이나 나눔이나 뭐, 뭐… 어째(어찌) 됐든 간에… 우째(어찌) 됐든 간에, 일본한테 배상만 받아낼라꼬 오만 선전을 온 세상에다 다… 막 해가지고 뭐 이카고… [불명] 잡고 돈만 받아낼라 카고 있잖아.

▷네. 근데 문제는 뭐냐 하면, 다 좋은데, 지금의 방식이 (이제) 더이상 안 된다는 거예요. 안 되는 걸 그렇게 자꾸 하려고 하니까, 운동만 계속 돌아가고, 정작 중요한 할머니들은 뭐, 그냥 힘들기만 하고….

그러기 때문에⋯ 그⋯ 그래⋯.

▷ 이해하셨지요? 왜 안 소장이 저를 나쁘게 말하는지⋯. [⋯] 누구, 왔어요?

몰라, 무슨 전화, 전화⋯, 무슨 소리가 들리는데⋯.

▷ 아, 그래요?

몰라, 뭐, 뭣이 전화했는가?

▷ 아, 그래요? 저한테도 자꾸 전화가 오긴 하는데, 좀 이따⋯.

좀⋯ 이상하네.[40]

▷ 아, 그래요?

아, 어⋯ 좀, 가만있어봐요.

---

40) 할머니는 도청을 의심했던 것 같다. 나 역시 당시에는 미처 생각하지 못했지만 3월, '나눔의 집'에 병원 문제로 전화한 이후 있을 수 있는 일이었다. 훗날 밝혀지지만 '나눔의 집'이 배 할머니의 4월 10일자 유산기부약정서를 제시하게 된 과정과 관계가 있을지도 모르겠다. 자세한 내용은 『한국일보』의 다음 기사를 참조.(https://www.hankookilbo.com/News/Read/202005221438071089?did=NA&dtype=&dtypecode=&prnewsid=)

2014년 5월 3일 오전 10시 31분

분노

돈 같은 거 다 맡겨놨거든. 그래도 스님이라고 내가 神様의 ように(신처럼) 생각했거든. 그런데 とんでもない(전혀 아니더라고).

▷ 스님이나 목사도 이상한 사람 많아요….

응, 스님이라고 해도 裏から(뒤에선) 더 무섭거든.

▷ 그럴 수 있죠. 지금은 뭐 맡겨놓은 거 없으세요?

반지를 가져왔는데… 여기서 ○○가 もっておったらあぶないから、取られるから、中国の女達ここに来てるし(가지고 있으면 위험하니까, 누가 훔쳐가니까, 중국 여자들이 와 있고)….

▷ 할머니, 통장이나 도장은 누가 갖고 있어요?

스님. 스님이 가지고 있다고.

▷ 통장, 도장도? 아…, 그것도 변호사에게 상담해볼게요.[41] 할머니한테 가져와야 하는데. 병원에 놔두는 건 위험하니까. 일단은 놔두시고….

(가져가라 해서) 스님이 도로 가져갔다고….

▷ 그래도 할머니가 불안하시잖아요. 할머니가 요양원을 옮기려 해도 돈이 필요하니 직접 갖고 계시는 게 가장 좋은데, 그것도 갑자기 그렇게 하면 의심하고 싫어할 테니까, 그것도 포함해서 변호사하고 얘기를 좀 해볼게요.

それで裁判所にいう時本人があまりに血を取られて、体に血が足らんからほかの病院は怖いといって、そういう細かいこと変護士にちゃんと言わないと(그래서 법원에 말할 때, 본인이 너무 피를 많이 빼서 피가 모자라니 다른 병원은 무섭다고 말하고…, 그런 세세한 거, 변호사한테 말해야지).

▷ 다 알아요.

___

41) 나는 '나눔의 집' 문제를 알게 되면서 그전에 만난 적이 있는 '나눔의 집' 변호사에게 상의할 생각이었다. 변호사이니 소장과는 다른 입장에서 사태를 판단할 수 있을 거라고 생각했기 때문이다. 하지만 그건 나의 '나이브'한 생각이었다.

이 소리를… 他の病院行っても血は取らないように(그러니까, 다른 병원 가더라도 피는 빼지 말라고)….

▷ 걱정 마세요, 할머니. 할머니가 돈이 없는 것도 아니고 '나눔의 집'에 그럴 필요 없어요. 할머니 맘대로 하실 수 있는 여건이 있으니 방법만 잘 상의하면서… 잘 생각해볼게요. 조금만 참으세요. 사람들, 너무 나쁘다….

昨日今日じゃないよ(어제오늘 일이 아니야).

▷ 그러게요. 저도 할머니랑 몇 달 이야기하면서 많은 걸 알았는데, 너무 시간 많이 지나기 전에 편안한 환경으로 옮겨드릴 수 있도록 노력할게요.

ここも、あのクスリ飲まなかったらナヌムに帰った方がいいと文句言ってるわけ(여기도, 그 약 먹지 않으면 '나눔의 집' 돌아가는 게 좋다면서 뭐라 한다고).

▷ 그렇게까지 이야기해요? 이상한 사람들이네요. 할머니 병원비, 누가 줘요? '나눔의 집'?

'나눔의 집'이 주고 있고….

▷ 그게 '나눔의 집' 돈인가요? 정부 돈이죠.

(정부가) 돈 주니까, 내 돈이지.

▷ 할머니 돈이에요?

'나눔의 집'… 정부에서 나오잖아.

▷ 당연히 할머니 돈이지요. 꿀릴 거 없으니까, 거기서 주는 약 드시지 말고 대신 밥 잘 드시고 계세요.

근데 내가 피가 모자라서 자꾸 막… 나는 아무것도 아니거든. 血가(피가) 내 몸에… 血圧クスリ(혈압약)… 여기서 가만히 보니까, 血가 足らん のに(피가 모자라는데) 血圧薬飲ませてもあかんと思って(혈압약 먹이면 안 된다고 생각해서) 여기서 안 내준다고 지금, [불명]たら困ることがあるか ら([불명]하면 문제가 될 수 있으니)….

▷ 그러게요. 할머니, 지금 여러 가지 힘드신 거, 제가 잘 알았으니 까… (할머니의) 환경 조만간에 바꿔드릴 테니, 조금만 참아주세요.

아이고….

▷ 그래도 할머니 약도 알아드리니 시원하시죠?

거기도(당신도) 나눔의… 그 새끼 때문에… [불명]ならんし(하면 안 되 고)… 조심해야 돼.

▷ 저도 알아요. 저도 다 아니까, 생각하시는 거, 말하지 말고, 화나도 너무 화내지 말고, 모른 척하고 계세요.

それで(그래서)…. [기척, 전화 끊어짐]

2014년 5월 3일 오후 2시 35분

장사

얘길 들어봐요. 정대협도, 윤미향, 그런… 장사 어디 가서 할 끼라(할 거야). 일본에서 위안부 팬들 있잖아.

▷ 네, 그럼요. 그쪽에서는 지지하는 사람들이 많잖아요, 지원자들….

지지하는 사람들이 많으니깐, 돈 몇십억씩 부쳐주잖아.

▷ 음…. 뭐, 얼만지는 저는 모르겠는데요. 서울에 박물관….

그래 벌지…, '나눔의 집'은 '나눔의 집'대로 뭐 어쩐다… 뭐 고친다, 뭐 집 짓는다…, 뭐 어쩐다 해서 부줏돈 벌지. ああいう商売やめられない(그런 장사, 그만두지를 못한다고). 어디에서, 밑천 없는 그런 장사를 누가 어디 가서 할 끼라. 그거를 거긴(당신은) 모르니깐….

▷아뇨, 짐작은 하죠, 제가 당연히…. 최근 몇 달 동안 만나고 보면서 여러 가지를 알았고요, 옛날부터 그런 생각은… 그럴 거라고는 어느 정도 생각했지만, 실제로 보면서, 너무 문제를 많이 느꼈어요. 저도, 우선 할머니하고 자유롭게 못 만나는 것도 그중 하나고….

웅. 여기는 위안부 핑계 대고 뭐 어떻고 뭐… 일본에서도 몇십억씩 뭐, 挺対協(정대협)에 부쳐주고, 여기는 또 여기대로 집 짓고, 또 뭐 해가지고 이번에 또 집 지을라 하고…. 또 뭐, 연구가 많거든, 몇백 년 해 먹을라는지는 몰라도…. 아니, 그래서, 그렇지마는 사람은 전부 살려 놓고 봐야 되잖아. 살려놓고 봐야 되는데, 그 *끼들은, 그 *들은, 전부 이북에서 왔는(온) *들은, 뭐, 저런 것들은 뭐, [불명] 저리 패가 돼가지고, 자기들하고 안 친하다고 여기 와가지고(보내서) 그런… 자이렌 약 먹이라고 하고…. 그따구(그따위) 짓을 하는 *이…. 나는 오늘 죽어도 이판사판이라. 난 오늘 죽어도 괜찮아. 그렇지만 가만히 누워가지고 내일 죽을라는지(죽으려는지) 모레 죽을라는지 모르지마는, 밥도 못 먹는 게…. 그래도 오늘 가만히… 사람이 없으니까 내가 얘기하지만, 윤미향, 그거는 얼마나 재미있어. 일본에서 팬들이 돈도 몇십억씩 해서 부쳐주지, 그리고 '나눔의 집'은 '나눔의 집'대로 할매들 얼굴 팔아가지고, 그래가지고 돈 벌지. 그런 商売(장사) やめられないわけや(못 그만둔다고), 그게 가만히 생각하면….

▷그러게요….

가만 생각하면….

▷화나시죠, 할머니? 생각하면….

화가 나가지고…. 사람은, 어떤 사람이든지 살려놓고 봐야 되잖아. そういう薬を飲ませて(그런 약을 먹이고), 그 지랄 해가지고, 똑같이 지랄하고….

▷그러게요, 할머니. 저는 겨울에 할머니 춥다고 하시는데 제대로 대처도 안 해주고…, 그때부터 이상하다고 생각을 했죠.

아이라. 그 집은, 徹底한(철저한)… 이것들이 위안부 할매들을 얍삽하게 보고 商売(장사)해처먹는 기라…. (둘 다) 똑같아.

▷그런 거를… 제가 이제 문제를 느끼지만, 노골적으로, 아직…. 하여튼, 어떤 방식으로 하면 가장 좋을지 생각을 하고 있고요….

아니, 뭐, 이 얘기는 알아두라 이거지. 그저… 자꾸 위안부에… 그 일본 사람들… 일본 생각하는 사람도 있다…. 그리고 徹底的に賠償을(철저하게 배상을) ○○○이 말마따나 하나 앞에 20억씩 받아낸다 하고, 그런 인간들이 있으니까는. 돈에 모두…. 나도 돈 싫지는 않지만, 누구 말마따나 돈 주면 거절 안 해. 그런데 돈에 그런 욕구를 가지고 가는 저런 裏(뒤)로는, 뒤에서는(남들 안보는 데선) 人情도 クソ도 없는거라(인정이고 나발이고 없다고). 아니, 옆에 있는 사람이 아파서 누워 있으면, 피가 모잘라서(모자라서) 누워 있으면, 참 어떡하나, 하고 걱정을 하는 게 원칙 아닌가? 엉뚱한 소리 해가지고, 병원에 와가지고, とんでもない薬을(터무니없는 약을) 먹이고 하는 거…. 옆에서 자꾸 무슨 雜音가(잡음이) 들리네.

▷ 누구 왔어요?

아니야. 아무도 안 왔어.

▷ 네, 네. 그러게요. 할머니 속상하신 거, 이제 다 얘기….

아, 그게… 둘이 하는 얘기지.

▷ 우선 할머니를 좀 편하게 해드리고 싶고요, 저는. 그러려면 할머니
(의) 다른 사정을 다른 사람들도 알아야 해요. 그런데 얼마나, 어느 정
도, 사람들이 아는 선이 가장 좋은지…. 왜냐하면, 예를 들면….

다 모르고 오잖아, 그게….

▷ 네. 그러니까, 할머니도 지금, 이게 세상에 알려져서 시끄러운 건
원하지 않으시잖아요.

응.

▷ 그러니까 적당한 선에서 잘 해결을 해야 되니까….

아이, 그렇지. 이거는, 유하만 이런 걸 알고 양쪽 상대를 하라고 하는
거지.

▷ 네, 잘 알아요. 제가 할머니 말씀을….

挺对協도、挺对協도 (정대협도, 정대협도)…, 그 인형 있잖아, 인형…, 미국에도 보내고 했던 그 인형, 그걸 또 모금을 해가지고 돈을 5000만 원인가 거두었거든. 그래가지고 그 인형을 만들었다고. 그래가지고 그 인형에 옷 입혀서 저래 막, 또 선전을 하고….

▷ 그걸 할머니들한테도 (돈을) 걷었어요? 그건 아니죠?

아니, 할매한테 건 게 아니고, 전부 밖에 사람, 道通る人에도 (지나가는 사람한테도) 五千円でも一万でもいい (5000엔이든, 1만 엔이든 좋으니) 닥치는 대로… 뭐, 그렇게… 한 4, 5000만 원 들어온 거 가지고 저 인형을 만든 거라.

▷ 네…. 그리고요, 정부에서 지원금도 많이 나와요. 운동한다고…. 이번에도 한 3억 원 정도 나왔다고 하더라고요, 정부에서. 근데 그걸 할머니 드린다는….

위안부 평계 대고 (운동을) 잡고 있는 기라.

▷ 금액이 3억 원이면 엄청나게 큰돈이잖아요. 그래서 하여튼 참… 저도 문제를 많이 느껴요.

비난

이건 둘이 하는 얘긴데, 이것도 유하가 어느 편인지, 유하가 大体(대체로) 일본에 살았으니까… 그것도 알고 있지만, 민족은 한국이잖아. [물론이죠] 한국이니까 徹底한(철저한) 그 마음은 어디 있는지는 모르지만….

▷모르세요? 저는 첫 번째로 할머니 편이고요. 저도 한국 사람이니까….

우리 둘이 하는 얘기….

▷알아요. 할머니가 저를 다 모르시지만, 저는 당연히 한국 사람이니까 한국 편에서 생각을 하고요. 그럼에도 불구하고 일본도 잘 아니까, 할머니가 생각하시는 것처럼 합리적이지 않은 일들이 많잖아요, 그런 건, 고치고 싶다고 생각하고 있고…, 그래야 한일관계도 좋아질 거라고 생각을 하는데, 그걸 방해하는 사람들이 너무 많으니까, 그런 게 안타까운 거죠.

그렇지, 또…

▷제가 일본 편드는 게 아니에요. 저는 한국 사람이고, 한국에서 일본 가르치는 사람으로서 장래 관계가 좋아지기를 바라고 있고, 그걸 위해서 최소한의 것을 하는 거지…. 제가 무조건 일본 편이었으면 지금 일어나고 있는 모든 나쁜 일을 그냥 까발리죠. 근데 그건 우리 수치잖

아요, 완전히 밝히는 건…. 그래서 이걸 어떤 식으로 하면 가장 잘 원만하게 해결이 될지를 고민하는 거예요.

그래서 한국도 그런 복장(생각)으로 그렇게 하는 기고. 아니, 돈만 받아내면…, 나도 아이고, 나도 돈 받으니까는… (됐다) 이렇게, 이라지만(이러지만)…, 우리들이 지(지원단체) 마음을 봤어도(보고 있지). 사람들이(사람들의) 속을 다 안다고. 정대협이는 어째가지고 해먹는다, '나눔의 집'은 할머니 얼굴 팔아가지고 전부 돈 받아가지고 집 짓고 땅 사고 전부 저런 데다 그런다는(돈 쓴다는) 거…. 人情도 クソ도(인정이고 나발이고) 없다 카는 거. 그걸 아니까 腹が立つわけ(화가 난다고)….

▷ 그러니까요. 저도 그래요. 할머니들을 위해 잘하면 좋은데요.

그거 없다고.

▷ 네, 아주 안하는 건 아니겠지만….

응, 아주 안 하는 거 아니지만, 뭐 갖다달라 하면 내가 옷이 없으니 병원에 양말 같은 거 갖다달라 해도 한 열 번 말해야 갖다주지, 안 갖다줘.

▷ 제가 ('나눔의 집') 변호사한테 얘기할 거고요. 그게 말이 안 되죠, 밖에서는 할머니 위해서 한다고 생각하는데…. 할머니랑 가까운데 저를 마음대로 못 만나게 하는 게 제일 문제고요…. 다음 주에 얘기할 거예요, 변호사 만나서. 이런 상황 이야기하고, 사태가 좋아지면 크게

바깥으로 얘기하지 않겠지만 이런저런 수단 써서도 좋아지지 않으면 밖에 이야기할 수밖에 없지요. 만약 기자들이 알게 되면 금방 까발릴 걸요?

응. 나도 누워서 세상을 모르는 사람 같으면, 이것도 모른다, 저것도 모른다고 하(겠)지만…. 나도 この世をよく見てきたから、裏面を(세상을 잘 봐왔으니, 뒷면을) 잘 알고 있거든.

▷ 할머니, 글씨 잘 쓰시는 거 보고 제가 감탄했잖아요. 글 잘 쓰시고….

世の中の裏表を(세상의 앞뒷면을)… 거기 있는 할머니들도 내가 知りすぎているし(너무 잘 알고 있으니까)…. 아니, 옛날에 ロシア語も喋る、中国語も喋るし、日本語も喋るから、やきもち焼くし(러시아어도 하고 중국어도 하고 일본어도 하니 질투한다고). 옛날에 술집에만 있었나, 이 지랄 하고…. 노래 잘하고 이러니까, 쟈(저 사람)들이 따라오지 못하니까, 전부… お客さんに褒められるからやきもち焼いて(손님들이 칭찬하니까 질투하고), 그 지랄 하고 날 해코지하는 거야.

▷ 지금 할머니도 그렇고, 저도 그렇고, 부산의 김문숙 회장님도 그렇고, 다 소수예요. 그래서 그동안 이런 상황이 안 바뀐 건데….

[중략: 부산 정대협 회장 이야기]

▷ 할머니, 그러니까 꼭 지원단체가 필요하면 부산 그 회장님한테 속

하겠다고 해도 될 거 같아요. 그거 어떻게 생각하세요? 그럼 할머니가 '나눔의 집'에서 자유로워지니까요. 그럼 저도 할머니 마음대로 자유롭게 만날 수 있고…. 지금은 '나눔의 집'이 자기들이 보호자라고 저를 못 만나게 하잖아요.

아이고, 그('나눔의 집') *끼도 인간 아니고….

▷ 못 만나고, 갑자기 그렇게 할 수는 없겠지만, 그런 방식 강구해볼게요. 변호사를 통할 수도 있고…. 제 생각에는 어딘가 지원단체가 있는 게 더 나으면 부산에 (보호를 부탁)하겠다고 하면 좋을 거 같고…. 그전에 일단 변호사랑 이야기하면….

부산에 그 할매는, 그이도 예전에 위안부 있었나?

▷ 그분도 지원자예요. 부산 정대협. 서울에 정대협 있잖아요?

있어도, 옛날에 위안부 갔던 사람 아니지?

▷ 아니에요. 지원하는 분이에요. 본인이 위안부가 아니라 정대협 윤미향 씨 같은 지원자예요.

나는 하는 말이, 지가 위안부 아니었으면 物事을 (위안부 문제를) 그렇게 深く (깊게) 알 끼라?

▷ 아니에요. 그분은 그 문제 일어났을 때 책도 쓰고, 내가 보기엔 이

문제 가장 잘 알고 계세요. 책도 여러 권 썼고요. 본인 재산 털어서 할머니 찾아다니고 만나고 했어요. 근데 젊은 사람들이 잘 모르고 공부도 안 하고 자기들 들은 대로 보고 싶은 거 보고 이러면서 문제 이해가 이상해졌는데, 이분은 여러 가지 다 알아요.

방치

그리고 나는 지금 밥을 아직도, 입맛 없어서 잘 못 먹으니까, 이 집에서도 長くおったら(오래 있으면), 밥 먹으러 오겠지, 이 지랄 한다고.

▷ 네?

밥…, 싱거운 걸 먹을 줄 알겠지(먹게 되겠지), どうしようもなくて(어쩔 수 없어서), 먹겠지….

▷ '배고프면 먹겠지'라는 소리예요?

아니, 나는 회복 안 되지…. 회복되면, 나는 입맛만 돌아오면 사는 거야. 입맛 안 돌아오면 ○○○처럼…, 내가 오늘이라도 밥 안 먹고 그만 이 세상… 막, (하직)하고 싶다, 그러면 ○○○이처럼 그렇게, 나는 죽을 사람이지.

▷ 할머니, 그러니까… 제가 말씀드렸잖아요. 밥맛도 없고 밥 먹기 싫으셔도 꼭꼭 챙겨 드세요.

지금은 喉も細くなったし(목구멍이 가늘어졌고), 뭘 먹어도 歯がないから
(이가 없으니까)… 옛날에 이빨 하자 했을 때… 여섯 개가 있는데, 빼자
고 하는 걸 안 뺀다고 했거든…, 断って(거절했지). 그래가지고 그만 내
가 아흔까지 살겠나 싶어서 歯をいれなかったの(이를 해넣지 않았어).

▷ 틀니도 안 했어요?

틀니도 안 했어.

▷ 그럼 밥 드시기 불편하겠다….

그러니까… 화가 나니까 밥도 숟가락(으로 입에) 여면(넣으면) 그냥 꿀
떡 삼켜.

▷ 그러니 소화가 안 되죠.

그리고 물 마시고…, 숟가락으로….

▷ 부드러운 거 드셔야 하는데…. 나중에 좀 좋아지시면 틀니 해넣으
셔야겠네요.

그렇게 안 돼. 잇몸이 내려앉아서 못 넣지.

▷ 요즘은 기술이 좋아져서요…. 할머니 해야 할 일 많아요. 치과도 가
고…. 종합병원 가서 몸도 보고, 치과도 갈 수 있어요.

그게 안 된다고. 이는… 잇몸이 삭아서.

▷ 왜 안 돼요?

이가 삭아서 걸 수 없어.

▷ 아, 잇몸이….

응. 삭아서….

▷ 일단 치과 가서….

치과 갈 일 없고, 내가 세상 싫다 그러면, 그냥 아니야.

▷ 할머니, 제 이야기 좀 들어보세요.

내가 勝手に死ぬものじゃないけど(마음대로 죽을 수 있는 거 아니지만), 그 것도 밀고 가야지. 그동안 나는 자꾸, 그냥 물이라도 자꾸… 喉が狭く なって(목구멍이 좁아져서) 밥도 안 씹고 그냥 꿀떡, 하고 물 한 숟가락 떠먹고…. 밥도 이제 ○○한테 물어봐요. 밥도 숟가락으로 쪼매끔 쪼 매끔(조금씩 조금씩) 다섯 숟가락 먹으면, 死なない位(안 죽을 정도로)만 먹으면 숟가락 던진다고. 그러면 ○○가 서 있다가 남은 거 다 가져가 뿐다고(버린다고).

▷ 할머니가 이빨도 없고 밥맛도 없고…. 정말 힘드실 텐데, 그런 상황

조금이라도 개선시키는 게….

그렇다고 물만 마시면 しょんべんするでしょ(변소 가고 싶어지니), 그러니까 내가 자꾸 물도 안 먹고…, 자꾸 그래야지, 자꾸…. 그 間(그동안에) 내가 죽을 때 되면, 아이고, 軽く(가볍게) 그만 죽을란다… 하는 그런 게 있기 때문에….

▷ 할머니, 그러지 마시고…, 할머니는 조금만 건강을… 병원에 보이시면….

보일 것도 없고… 여기, あのくすり飲まないとほかの薬を出さないって (그 약 안 먹으면 다른 약을 주지 않겠다고 한다고)….

▷ 그러니까요. 할머니, 오늘이 토요일이잖아요. 다음 주 금요일에 변호사 만날 거니까, 일주일만 지나면, 변호사랑 방법을….

그 변호사에게도 돈을 줘야지, 뭐.

▷ 제가 만나려는 변호사는 '나눔의 집'하고 뭘 같이 한다는 변호사라서 안 소장 편인지 아닌지 모르겠지만, 한번 만나봤을 때 느낌은 나쁘지 않았고요, 이 사람이 안 소장이 어떤 사람인지 모를 수 있잖아요. 선의에서 하는 것일 수 있어서 얘기는 하지만, 믿을 만하지 못하면 다른 아는 변호사 많으니까 걱정하지 마시고요…. 제 생각은… 잠깐 들어보세요.

난 그런 걱정은 안 해.

꿈

▷제 생각은… 일단, 할머니를 제가 어떻게 할 수 있다면, 병원으로 일단 모셔서 진찰을 전체적으로 하시고… 치료 필요하면 치료도 하시고….

それをね、うちの血液はB型なの(그거 말이지, 내 혈액형은 B형).[42]

▷알아요. 그때가 되면 제가 다 자세히 다시 한번 이야기할 거고요….

それでそして血を買って大学病院で血を入れるとしたらきれいにして、B型の血を入れないと体に合わないの(그러니, 그리고 피를 사서 대학병원에서 피를 넣는다면 깨끗이 해서, B형 피를 넣지 않으면 몸에 안 맞는다고)….

▷물론이죠. 걱정 안 하셔도 돼요.

[불명]… ダメだし(안 되고)….

▷제 계획은 할머니 병원에 모시고 가서 진찰받고, 같은 종합병원에

---

42) 분노와 체념 속에서도 배 할머니는 이때는 아직 '희망의 끈'을 놓지 않았다. 하지만 이후 할머니는 자신의 의지에 반해 갑자기 대학병원이 아닌 '나눔의 집'으로 옮겨졌고, 별다른 치료를 받지 못한 채 작고했다.

서 이빨도 좀 보시고….

이빨은 이야기하지 마. 내가 잘 알지.

▷ 그냥 제 생각이에요. 일단 보시고 치료되어서 웬만해지시면 좀 편안한…, 할머니 원하신 대로 불교 관련 요양원으로 옮겨서 거기서 편안하게 지내시면 좋겠어요.

말은 좋지만….

▷ 제 계획은 이런 건데, 찬성하시죠?

それを(그걸)….

▷ '나눔의 집', 도로 들어가고 싶으신 거 아니잖아요.

거는(당신은) 그런 마음 갖고 있어도 思った通りにならないでしょう(생각대로 되겠어)?

▷ 할머니도 그렇게 원하시면 그쪽으로 가고…

뭐를…?

▷ 일단 병원으로 옮기고, 전체적으로 진찰받고, 치료 필요하면 치료받고, 어느 정도 치료 끝나면 지금 계신 그런 곳으로….

치료는 무슨 치료. 피가 모지란다 카니(하니)….

▷피를 수혈하든… 필요한 조치를 좀 하시고, 편안한 요양원 같은 곳
에….

아이고, 아이고 참. 나도 明日도 없는 人야(내일이 없는 사람이라고)….

▷원하지 않으시면 제가 억지로 할 수는 없으니까요….

거기서도(당신이) 뭐, 병원 데려간다고 하면 나눔(의 집)에서 黙ってお
る(가만히 있겠어)?

▷그러니까 그런 문제, 다음 주에 변호사랑 상의한다니까요. 제 생각
에는… 누가 왔어요?

うちのとなりにおばあさん(옆방 할머니).

▷네. 제 생각에는 그걸… 변호사한테 (제가) 보호자가 될 수 있는지
물어보고, 그게 너무 복잡하면 우선 김문숙 회장님한테 가겠다고 하
면, 김 회장님 (있는 곳이) 부산이니까 쉽게 가지 못해도, 김 회장님 대
신해서 (제가) 할머니 병원 모시고 다니고 할 수 있는 거지요.

아이고, 아이고.

▷그렇게 원하시잖아요. 그러니까 그런 방법을 생각해볼 거고….

夢ごとや(꿈같은 얘기야).

▷ 하하, 원하시긴 하는 거네요. 夢ごと(꿈같은 일)이라시니….

나도 九十過ぎて長生きしたくないし(아흔 넘어서, 장수하고 싶지도 않
고)…. [불명]

▷ 제 생각은, 그렇게 해서 짧으면 1년, 길면 10년, 편안하게….

10년이면… 욕하는 거랑 똑같아.

▷ 그렇게 편안하게 계시다가….

편안하게? 아이고, 이야기가 비단이다. (그렇게는) 안 되지.

▷ 저한테 위안부 문제… 생각도, 마음대로 이야기하시고….

글쎄, 이런 이야기를 どっちか知らんけど言って捨てる言葉でも(그냥 하
는 말인지 아닌지 몰라도), 裕河しかおらんでしょ、うちも(유하밖에 없잖아,
나도).

▷ 그러니까요. 우리가 공개적으로 이야기했고요. 할머니 이야기도
부분적으로 이렇게 생각하는 분도 있다, 말했는데, 할머니가 조금만
건강해지시면 직접 이야기할 수 있다니까요.

そういうことやったら敵にどんなことを受ける(그렇게 하면 내가 적들한테 무슨 일을 당할지)….

▷에이…, 더이상 할머니의 적이 없도록 할 테니 걱정 마세요. 이미 서울 정대협도….

아이고, 정대협도 보통 아니라고….

▷그러니까요.

아이고, 윤미향이 보통 여자야?

▷제가 할머니 생각 다 아니까…, 그러니까 지금처럼 부정적으로 말씀하시지 말고 그렇게 해봐라, 해야 저도 기운이 나죠.

그렇게 해봐라… 카지만(할 수 있지만), 나는 우째 될란지(어찌 될는지)… 그리고 長生きしたくないし(오래 살고 싶지 않다고)…. 웃을 이야기가 아니야. 子供がおるわけでもなく親戚がおるわけでもなく(자식이 있는 것도 아니고, 친척이 있는 것도 아니고)… 아무도 없는데 내만(나만) 홀로 이 세상에 떨어져서 이게 무슨 꼴이람.

▷할머니, 그래도 저랑 친해졌잖아요. 그다음에 할머니 생각할 사람이 늘어나요. 부산 회장님도, 스님도 그렇고….[43]

---

43) 불교 신자인 배 할머니를 위해 다음번에 할머니를 만나러 갈 때, 아는 스님과 함께 가기로 했다.

내가 나이가 몇인데….

▷ 어쩌면 변호사도 할머니 편이 될지도 모르고요, 한 사람 한 사람 할머니 말씀 듣는 사람 늘어날 거예요.

그런 인간도 여기 왔는(온) 거 같긴 하지만, 話では(이야기 듣기로는) 그 사람들도 北(이북 사람)인가….

▷ 네. 아무튼 그 이야기 변호사한테 해볼게요. 미리 이야기해서 방해 당하면 안 되니까, 먼저 변호사랑 이야기해보고 나서 행동할게요. 아직은 그냥 계시고요. 변호사가 그렇게 해서 되겠다, 하면… 부산 김 회장이 맡겠다고 하면, 문제가 쉬워져요. 일주일만 기다려주세요.

'나눔의 집' 문제는, ○○○ 저거는 무슨 소리라도 해가지고 누구라도 때려잡는, 아주 비상한 ＊＊리 갖고 있어. 저거는 막, 소장한테도 막, 안 한 걸 했다고도 하고 지랄해서 소장도 追い出すくらいの(쫓아낼 정도의) 그런 인간이야.

▷ 네에. 그거는….

이북 여자인데, 보통 ＊＊리 있는 게 아니야. 무슨 요술이라도 부려가 지고 사람을 때려잡는다고.

▷ 미리 알았으니 조심할게요. 그런 말을 다 진실로 생각하고, 그동안 사람들이 그분 말만 들어서 그 할머니 힘이 있었던 건데, 그렇지 않다

는 거 주변 사람이 알고 할머니 옳다고 알면 그런 거 없어질 거예요.

아이고.

▷ 할머니 편 많아지니, 식사 잘 하시고 기다려주세요.

여기 있어도 밥맛도 없지….

▷ 일주일만 참아주세요. 밥 먹기 싫어도 저를 생각하고 일주일만 노력해주세요.

아이고, 長いこと(오랫동안) 저기… 참….

▷ 할머니, 제 꿈이 뭔지 아세요?

そこの夢は(당신 꿈은) 이것저것 많은데 やり抜けるかが(해낼 수 있는지가) 문제지.

▷ 할머니, 엊그제 모임이 정말 잘되었어요. 신문, 방송사 많이 왔고, 주목도 많이 받았어요.

아휴, 지금….

▷ 할머니, 다음에 만나면 방송 나온 거 보여드릴게요. 아는 사람들이, 여기저기서 많이 연락 왔어요. 할머니… 이런 분, 계시다는 거 알고

이런저런 생각하는 사람들이 많아요. 할머니 하실 일은, 식사 잘 하는 거….

아이고, 한심해.

▷ 할머니, 이야기 많이 하셨다. 쉬세요.

여보세요? [네] ここのおばあちゃんの家族が面会にきた(여기 할머니가족들이 면회 왔어).

▷ 할머니, 심심하시겠네요. 저도 일주일 후에 갈게요. 들어가세요. 전화하세요.

2014년 5월 7일 오전 8시 49분

이동 전야

▷帰った方がいいって?(돌아가는 게 좋다고요?)

어어. それもね、帰っても(그것도, 돌아가도) [불명]가 없지 않냐 하니, '그거야 그렇지'라고… それで看護婦あれがものすごく根性悪いの(간호사 그 사람이 굉장히 성격이 나빠).

▷가시면 안 되겠네요. 할머니 거동도 불편하신데….

だからね、そこ行ってもね、何もしてくれないわけ(그러니까, 가도 아무것도 안 해주거든).

▷네. 가지 마세요.

ここ居ってもその薬(여기 있어도 그 약)….

▷飲まないと(먹지 않으면) いる必要がないって(있을 필요가 없다고요)?

そうそうそう(그래그래).

▷그래서 뭐라 하셨어요?

それで飲まないで家の薬を1つ出すか(그래서 안 먹고, 집에 있는 약을 하나 추가하거나), 위장약, 또 그, 혈액순환… 回らない…それと二つもってきてといってそれを飲んだらね、あなた、ここのいい薬飲まないで自分の家からもらったその薬飲むのに(피 안도는 데에 먹는… 그 약 두 가지를 갖다 달라고 해서 그걸 먹고 있었더니, 당신, 병원의 좋은 약 안 먹고 집에서 가져온 약을 먹고 있으니)….

▷네….

ここの病院にいる何の必要があるの(이 병원에 있을 필요가 어디 있냐), あの薬飲まないとここにいる意味が何もないじゃないかと(그 약 먹지 않으면 여기에 있는 의미가 전혀 없지 않냐고)….

▷그것도 이상한 이야기네요.

うん、それで看護婦がおしゃべりしたわけ。あれも根性悪いんだから(응, 그래서 간호사가 얘길 했어. 간호사도 성깔이 있거든)….

▷ 그래서, 안 가신다고 했죠, 아직?

今日も何か言ってた、院長がここに来た時。うちはね、院長がその薬を
出したというから、面も見たくないから挨拶もしないで黙っていたら、
ここの付き添いが何人いるかって言ったらね、少なくともここの院長な
のになんで挨拶をしないで黙っておるのかって。はじめ来たときつんと
してたからしなかったわけ。そう言ったわけ(오늘도 원장이 여길 왔을 때
뭐라고 하더라고. 원장이 그 약을 처방했다고 해서, 얼굴도 보기 싫어서 나는 인
사도 안 하고 가만있다가, 여기 돌보는 사람이 몇 사람 있냐고 했더니, 그래도 여
기 원장인데 왜 인사를 안 하냐, 가만있냐고. 처음 왔을 때 못마땅한 얼굴이길래
인사를 하지 않은 건데)….

▷ 할머니 조금 더, 거기서 조금 더… 마음대로 옮기고 그럴 수 있을
텐데…. 아직 가지 않는다고, 거기 계시겠다고 하세요. 약하고 무슨
상관이에요. 약은 할머니 드시기 싫어서 그러는 건데…. 그럴 이유 없
으니까, 거기서 마음대로 할머니 옮기지 않도록 해야 할 거 같아요.

だから、あそこの、うちの家の看護婦が、あのクソ女が、家に居っても
付きあう(付き添い)人がいるから、ちょっと根性が悪いね。うちとは親し
くないわけ(그랬더니 우리 '나눔의 집' 간호사가, 그 못된 여자가 집에 있어도
돌보는 사람 있다고 했어, 좀 못됐다고. 나랑 친하지도 않고)….

▷ 네에…. 그러면 할머니 잘 보살필 리 없잖아요. 간호사가 한 사람이
에요, '나눔의 집'?

ひとり(혼자).

▷그 외에 움직일 때 보살피는, 움직이거나 할 때, 사람 있어요?

[중략: '나눔의 집' 직원 이야기]

▷그렇군요. 제 생각에 아직은 들어가시면 안 될 거 같아요. 들어가시면 제가 정말 뵙기가 어려우니까요.

[중략: 병원 이야기]

▷그래도 '나눔의 집'보다는 거기 있는 게 좋을 거 같아요. 우스키 상하고 이야기 오래 하셨어요?

아니. 안면도, 海に(바다로)….

▷간다던데요.

そうそう(그래그래). ○○○하고.

▷○○○ 할머니, 그 할머니만 가신대요?

아니. ○○○도, ○○○… 3人が親しいからね。来て何も言わないで何か作ったりしてね(셋이 친하니, 와도 나한테는 말도 안 해. 뭐 만들면서)….

▷아….

お前の気もね、人間が健康な時は[불명]ても病人になったら物言わないの、そんなんだね(너도 기운이, 사람이 건강할 땐 [불명]하지만 병자가 되니 말을 안 하네, 그런다고)….

▷그래요? 할머니 이렇게 말씀 잘하시는지도 모르고….

아이라. ○○○이는 알기는 알지. 알기는 알아도 向こうの連中と親しいから(저쪽 사람들이랑 친하니까)….

▷아, 그렇군요.

20億圓もらうとかなんとか話して(20억 받네 어쩌네 하면서)….

▷그때, 지난번에 제가 ○○○ 할머니랑도 전화로 오래 이야기했는데, 그런 생각이 강하시던데요.

그 사람들 아침서부터 저녁까지, 賠償の話ばっかりだよ(배상 얘기만 한다고)….

▷그러게요. 방법이 좀 다르긴 다른데…. 할머니, 아무튼 혹시라도 거기서 옮겨서 '나눔의 집' 다시 가자고 하면 아직은 거부하세요.

몸이 아파. 내가 몸이 되게 아픈데….

▷ 그러니 가면 안 되잖아요. 할머니는 간호사 약만으로도 안 되고, 진찰받아야 할 분이니….

진찰 안 해도, 우리 병, 내가 다 알고 있지.

▷ 그래도 병원에서 진찰받은 지 오래됐잖아요.

그런 이야기 하지 말고. ここの付き添いは中国から来てるから(여기 돌보는 사람은 중국에서 와서), 내가 어떻게 아프다는 걸 몰라.

▷ 그러니까요. 할머니 병원 가신 지 오래됐잖아요.

難しい韓国語は聞き取れない。中国から来てるから(어려운 한국말은 몰라. 중국에서 와서)… 내가 어디어디 아픈 거 모른다고…. ただ退院しなさいと言って勝手なことを(그냥 퇴원하라고만… 자기들 멋대로)….

▷ 그래요? 할머니, 이틀 뒤에 변호사 만나니까 조금만 더 참으세요. 제가 방법 찾아볼게요. 지난번에 말씀드린 대로 병원 진찰 받아보고 다른 데로 옮겨야 할 거 같아요. '나눔의 집' 들어가시면 제가 뭘 하기 힘들어지니 조금만 더 참으세요.

아이고….

▷ 이틀만 더 버티세요. (제가) 지금 가도, (병실에) 못 들어가니까요.

아이고….

▷조금만 참으시고요…. 승가대학 전화번호 알려드려요?

기부

내가 오늘 전화해서 승가대학교 坊さん(스님)….

▷9시 넘으면….

坊さん(스님), 승가대학교 제일 높은 사람 불러 うちのこと聞いてよ(내 얘기 물어보라고). 제일 높은 사람 전화번호 알아가지고 배, 춘, 희…, 3000만 원 기부한 사람 아시냐고…. 그래서 안다 하면 그 사람 전화번호 좀 알아서….

▷그럴게요.

덮어놓고 알려고 해도….

▷알겠어요. 그 대학, 서울에 있어요?

영등포인가…?

▷알았어요. 이따 전화해보고 연락드릴게요. 전화 다시 할게요.

전화할 때, '나눔의 집' 배춘희 할머니, 작년에 했던 일 아시냐고 물어
보고… 그래서 당신 전화번호 배춘희가 알고 싶다는데, 전화번호 알
려달라고….

▷ 알겠습니다. 할머니 또 기부하려고 그러시는군요.

아이(웅), 그건 내가 다리가 안 부러졌을 때, 또 기부한다고 내가 약속
했거든.

▷ 그러시군요. 그래요. 전화번호 알아보고 다시 연락드릴게요.

웅.

2014년 5월 16일 오전 8시 24분

발각

[…] 이름은 안 대고 [불명]한다 하는 거, 자기들이 가서, 가서 비밀로 하고 다 들었대….[44]

▷아, 모임 한 거요? 네, 네.

그것도 이름은 안 냈다 카는(하는) 거 보니께(보니까) 눈치가… 알아차렸다고….

▷아, 뭐라 그래요? 누구한테 어떻게 들으셨는데요?

아, 그거….

---

44) 2014년 4월 29일 심포지엄에 '나눔의 집' 관계자가 와서 내용을 들었고, 내가 내보낸 영상 중 배 할머니가 있다는 사실을 사무실에 말했다는 뜻.

▷아, 그걸 배춘희 할머니라고 알았다고요?

아이라(아니야), 지거(저들) 생각에 배춘희 할머니하고 친하니까….

▷아, 친하니까 배춘희 할머니일 것이다…?

지거가(저들이) 눈치로 알았데이… 하면서… 지금 사무실에(서) 이야 그하더라고….

▷뭐라고 했어요?

거, 거(당신) 소리 하더라고….

▷할머니뿐이 아닌데. 여러 사람인데요. 그래서요?

이건 누구의 뭐다 카는(하는) 거 눈치챘다고….

▷네….

오늘내일 내가 우찌(어찌) 될란지(될는지) 모르는…. 그래가지고… [불명] 그래서 저 전화 안 걸리면 내가 아픈 줄 알고….

▷아, 제가 지난번에는 할머니 전화 안 받으셨을 때 간호사한테 전화해서 알았잖아요. 이번에 또 간호사도… 제가 전화해도 안 받을까요?

간호사하고 나하고 사이 안 좋아.

▷ 그러게 말이에요. 지난번엔 저인 줄 모르고 바꿔줬는데, 아마 소장이 또 얘기해놨을지도 모르고…. 알았어요, 제가 다시 또 방법을 생각해볼게요. 지난번엔 너무 예상 밖이라서 그냥 당하고만 왔는데….[45)]

아니, 글쎄, 그런 인간들하고… [불명] 문제를….

▷ 그 사람이 그날 저한테 법적 대응을 하겠다고 했어요….

그 소리 한 번 두 번이 아니라고….

▷ 저는 직접 들은 게 처음인데, 그러면 저도 제 나름대로 대응해야 하니까요. 그동안 할머니한테 피해가 갈까 봐서 드러내놓고 이야기도 못 하고 그랬지만, 이제는 거기서도 관계를 알았다고 하니까 숨길 거도 없을 것 같고요….

아니, 아니. 누구의… 내 이름은 안 나와도… 그거 할 때, 대강 누구다 하는 거 짐작했다고, 사무실에서….

▷ 네. 그러니까요. 그렇다고 하면… 이미 제가 할머니 찾아가고 해서 아니까요. 저는 그동안 할머니께 피해 갈까 봐 이 이야기를 바깥에도 못 했던 거예요.

---

45) 심포지엄을 끝내고 나서 배 할머니와 약속한 뒤, 5월 13일 '나눔의 집'을 방문했지만, 같이 간 스님만 할머니를 만날 수 있었고, 나에게는 면회가 허락되지 않았다.

아이(아니), 그거 감차도라고(감춰두라고)…. 여기서 딴 사람들이, 그거 알면 딴 할매들이 가만히 안 있을 거 아니라(아니야).

▷다른 할머니들이요?

어. 말조심하라고….

▷할머니….

나는 어차피 오래 못 살 낀데(건데)….

▷할머니, 저는 걱정 안 하셔도 되고요. 저는 그동안 할머니한테 피해 갈까 봐 이야기를 많이 못 했지만, 이제 이렇게 됐으니까 방법을 바꾸려고 해요.

그 따문에(때문에) 내 이야기는 하지 말아야 해. 전부 나하고는 적군이 잖아.

▷알아요. 그러니까 할머니가 마음을, 저한테 이렇게 이야기하시면서도 '나눔의 집'을 완전히 적으로 돌리는 거 싫어하시는 거잖아요. 제 생각에는 할머니가 저번에….

저번이고 뭣이고… 지금 내가 여기서 죽을란지(죽는지) 이 방에서 죽을란지(죽는지), 한 치도… 한 시간을 모르잖아. 그래서 진통제라도 돌라 카면서(하면서) 지금 그카고(그리하고)… 진통제 하나… 얻어

와서….

▷아, 진통제…. 아프셔서…. 제 생각에는 할머니가 그냥 거기서 그렇게 계시면서 목소리를… 안 내….

아니, 그런 소리 하지 마.

▷할머니 생각을 바깥에 이야기하시는 게 필요할 거 같…. [통화 끊김]

2014년 5월 18일 오전 9시 43분[46)]

체념

▷아이고, 참… 왜 다시 옮겨왔대요?

아이(아), 그 저… 자이렌, 자이렌이라 카는(하는) 그 약 안 먹는다고.

▷아니, 그래도 그렇지, 말도 안 돼. 할머니, 어디로 옮기셔야겠다….

저, 저, 밖에… 여기 이 방에, 방에 남자들… 방에서 내 짐을 다 들어 가져갔는데….

▷짐을? 누가요?

---

46) 기록이 남은 통화는 이날이 마지막이다. 이후에도 통화는 했지만, 6월 초에 해외출장을 다녀와 다시 전화했을 때는 배 할머니는 더이상 전화를 받지 않았다.

아이, 나는… [불명].

▷ 짐을 왜 가져갔어요?

아이, 인자, 없애야 된다고….

▷ 누가요? 그 직원들이…?

아이라고. 아, 내가 저 이불 같은 거, 내 옷… [불명] 전부… [불명] 같애 가지고… 다 가져간 거…[불명].

▷ 할머니가 시킨 것도 아니잖아요.

아이. 그래, 나는 내 사주팔자…, 안 그래도 난… 여기… [불명] 떠나 야지.

▷ 아, 할머니가 시킨 거 아니죠, 짐 정리?

아이고, 참 그런 거 묻지 말어(말아). 내가 사주팔자… [불명] 안 되 지… [불명].

▷ 아아… 참, 할머니, 제 얘기 좀 들어보세요, 할머니.

[불명] 여기서 밥, 밥을 한 숟가락도 못 먹어.

▷ 그러니까요. 거기, 병원이 아니니까 할머니 드실 만한 음식이 없잖아요. 할머니, 지금… 제가 할 수 있는 게 두 가지가 있는데, 여러 번 하던 얘기지만, 제가 할머니를 어디론가 옮겨드리는 거하고요….

옮기고 말고 할 때 아이라. 지금….

▷ 할머니가 오케이하시면 할 수 있어요.

[불명] 됐어. 인자, 됐어….

▷ 할머니 거기서 그렇게 돌아가시고 싶지 않잖아요. 딴 데 가서….

여기가 아니고…보담도, 난 인제… 방이 추워가지고 인자, 빨리 세상을 떠나야지….

▷ 할머니, 할머니가 얼마나 불편하신지는 몰라도, 하루가 됐든 한 달이 됐든, 좀 편안하셔야 되잖아요. 지금 몸도 마음도 불편하시잖아요.

[불명]

▷ 계속 할머니가 그러시면 제가 해드릴 게 없잖아요, 할머니….

아무것도 안 해도 돼.

▷ 아이 참….

[불명]가지고 힘이 점점 더….

▷ 당연히 그렇죠. 거기서 뭐 드시지도 못하고 환경도 나쁘니까 당연히 점점 더 심해지시는데…. 할머니, 왜 그러세요. 저한테 맡기시면 제가 할 수 있는 일을 할 텐데…. 공식적으로 안 소장이 (할머니를) 데려가려면 데려가라고 했으니까, 모시고 가라고….[47] 제가 그럴 수 있는데요.

아이, 안 돼.

▷ 왜 안 돼요? 할머니만 원하시면 제가 어디로 일단 옮겨드릴 수 있다니까요.

안 돼, 안 돼, 안 돼….

▷ 그리고 지난번에 통화하신 부산의 회장님, 그분이 내일 오실 거예요. 어쩌면 모레 가볼지도 몰라요, 그럼 한번 만나보세요, 할머니. 저는 어차피 또 같이 가도, 또 못 만날 테니까 저는 안 가겠지만…, 모레 가….

혼이 막 [불명].

▷ [불명]친다고요?

---

47) 5월 13일 방문했을 때 안 소장이 나에게 한 이야기.

아유, 난, 지금 밤에 갈란지(갈는지), 언제 갈란지(갈는지)… 내 지금 밥
도 못 묵고… 막… [불명] 얼굴 이래도… 막, 내가 안 먹고 견뎌뿔지(견
뎌버리지) 싫어… [불명].

▷아, 할머니….

사람이… 인자, 다… [불명].

▷ 할머니 마음을 제가 모르는 것도 아닌데요, 모든 게 귀찮고 그냥
세상 떠나야지, 생각하시는 거 알긴 알겠….

지금 나의 위치가… 이 나의 위치가 너무 무거… [불명].

▷ 할머니, 요즘 100살까지 사는 사람도 있어요.

아이고, 난 다 산 사람… [불명].

▷ 할머니, 그러니까….

그런 얘기, 그런 얘기….

▷ 알았어요. 그러니까 옮겨드리는 건 싫단 얘기시죠?

아이고, 뭐, 난… [불명].

▷아이고, 참 정말 갑갑하네요. 저는 가도 할머니 만나지도 못하고, 제가 옮겨드리는 것도 싫다고 하시고…. 그럼 어떡해야 되죠? 할머니, 저는?

[불명]

▷참… 알았어요, 할머니. 뭐라도 좀 드세요. 제가 정말 답답하네요, 해드릴 수 있는 게 하나도 없어서….

02

또다른 목소리—사죄·보상·기억

A 님

2013년 가을[48]

일본에서 진짜 할려면(하려면), 할머니한테 와 직접 사죄하고 할머니한테 직접, 돈을 손에 쥐어줘야지, 왜 정대협을 끼고… 정대협이…. 당신들이 돈 안 주고 싶으니까 정대협이고 뭐고…. 누구요, 누구요, 입법하겠소, 무슨 법 하겠소, 그런 거 다 소용없으니까, 할머니들하고 이렇게 직접… 우리 주소 있고, 전화번호 있고, 은행 계좌번호 있지 않아요, 그거 불러달라고 하면서, 상대를 하면서… "할머니들이, 이 방식으로 우리가 준비했으니까 할머니들이 받고 싶으신 사람 받아라, 이제 우리가 준다 할 때 안 받는 사람은 이걸로 끝난다" 하면 다 받을 거예요. 그렇게 꼭 해주세요.

---

48) 자택으로 찾아가 대화를 나누었고, 할머니의 허락을 얻어 녹화한 영상 기록이다. 2014년 4월 29일에 있었던 심포지엄 〈위안부 문제, 제3의 목소리〉에서 일부를 내보냈다. 이름과 얼굴을 내보내는 것은 원치 않으셔서 심포지엄에서도 얼굴을 모자이크 처리하고 목소리는 변조해 내보냈다. 그 취지에 따라 여기에도 이름을 알파벳으로 처리한다.

B 님

2013년 초겨울[49]

날 언니가 일본에 데려갔어. 아(아이) 좀 봐주라고. 그래서 가서, 엄
마 보고 싶어서 만날 나가서 아를 업고 울어싸니까네, 어떤 아줌마가
"야, 느그 엄마한테 데려다주께, 그라믄 갈래?", 그래. 그래 얼마나 좋
아, 그래 간다고 했어. 그랬더니 날 데려다가 대만으로 팔아묵어버렸
어, 이 여자가.

▷ 일본 어디였어요?

몰라. 대만에다 팔아먹었어.

▷ 그 사람, 일본 사람이었어요, 한국 사람이었어요?

---

49) 자택으로 찾아가 대화를 나누었고, 할머니의 허락을 얻어 녹화한 영상기록이다. 이
분의 경우 통화녹음도 있지만 녹화기록만 수록한다. A 님과 마찬가지로 영상 일부
를 얼굴 모자이크, 목소리 변조 처리하여 2014년 4월 심포지엄에 내보냈다. 이 분
은 고인이 되었다.

한국 사람이지.

▷ 가보니까 어떤 곳이었어요?

엄마가 보고 싶어서 울어싸니까네, "야, 느그 엄마한테 데려다주께, 날 따라갈래?" 하니까는 따라갔어. 따라간 그기(거기)가 대만. 날 그기로 팔아먹어뿌렀어. [불명]을 하는 거지.

▷거긴 군부대 안이었어요, 밖이었어요?

대만이라, 대만.

▷대만 어딘지는 모르시고요?

<u>보코도,</u> 보코도(평후도澎湖島의 '평후'를 일본식으로 발음한 것이다. 일본어 발음은 '호코'다−편집자). 오래돼서 잊어뿌렀다.

▷ 몇 살 때였어요?

十六の時(열여섯 살 때). 16세. 그때 어디 내가, 아이고, 참.

▷ 어떤 사람들이 있었어요?

일본 사람들이지, 인자.

▷ 위안소가 어떤 곳이었는지, 기억나는 거 얘기해주실 수 있으세요?

몰라. 오래되어서.

▷ 알았습니다. 괜찮아요, 얘기 안 하셔도 돼요. 할머니, 고생을 정말 많이 하셨는데, 어떤 방식으로 이 문제가 해결되기를 바라세요?

약 지어먹구로(먹게) 보상이라도 좀 해줬으면 좋겠지.

▷ 네…. 어떤 보상을 원하세요?

물론 돈이지, 뭐.

▷ 수상의 사죄도 필요할 거 같은데요. 일본의 사죄.

아이고, 사죄해주나. 아이고. 사죄고 뭐고, 보상, 우리는… 돈이나 좀 줬으면, 보상이나 좀 해줬으면. 약이라도 좀 지어먹고 살게.

▷ 할머니가 그렇게 생각하신다는 걸 한국 사회는 잘 몰라요. 혹시 한국 사회에 대해서도, 정부나… 하고 싶은 말씀 있으시면 해주세요.

한국에는 별 [불명] 없고 알리기도 싫고. 보상 좀 해줬으면, 그뿐이지. 한국 정부는 관계없어요. 일본 사람한테 당했으니, 일본 사람이지.

C 님[50]

2014년 4월 10일

그래서 그렇게… 보호하기 위해서 그러더라고…. 나도, 누구 나가도, 사람 하나 딸려보내. 여길… 바깥에 나가도.

▷ 물론 보호할 사람도 필요하고, 그거야 고마운 일이지만, 제일 중요한 건 할머님들의 의사, 생각이잖아요?

아이고, 할머니들이 별 생각 다 하면… 무슨 소용 있어?

▷ 아니에요, 할머니. 제가 옛날에 그런 걸 몰랐는데, 할머니 몇 번 만나 뵙고 이야기하다 보니… 저는 할머님들은 다르게 생각하시기도 할 거다, 법적 책임 자체에 대해서 잘 모르실 수도 있고… 그렇게 생각했는데, 실제로 여쭤보니까 그랬고요, 그래서 그런 목소리를 전달

---

50) 이분은 처음엔 밖에서 만났고, 두 번째는 '나눔의 집'에서 만났다. 따로 대화한 분들 중 배 할머니 외엔 유일한 '나눔의 집' 거주자였다. 그러나 이후 '나눔의 집' 방문이 여의치 않아 전화로 대화하게 되었고, 역시 허락을 구하고 녹음을 했다. 이분도 고인이 되었다.

하는 게 중요하겠다 싶어서 모임을 갖는 거예요. 그런데 지금 말씀 들으니, '나눔의 집' 직원들이 신경이 쓰이시는 것 같은데… 아무튼 제가 방법을 생각해볼게요. 저 같은 사람이 여러 번 이야기해도 소용없고, 할머님들이 직접 말씀하시고 목소리를 들려주시는 게….

그래, 할머니들은 요새 막, 나는 어디를 못 가지만, 일본도 가고 막, 그렇게 하는가 보데….

▷ 그건 법적 책임을 요구하는 모임이에요. '나눔의 집' 소장은 어떻게 얘기하는지 모르겠지만…. 하지만 지금 방식으로는 어려우니까, 그래서 다른 방식을 해보려고 하는 건데요, 한번 생각해봐주세요. 그런데 제가 할머님들을 모시고 (심포지엄을) 하려고 하는 걸 알았더라고요, 정대협, 이런 데서…. 그래서 저를 나쁜 사람이라고 그러나 봐요.

아니, 그러지는 않아.

▷ 아뇨, 다른 데서 들었어요. 아직 안 소장한테는 그 이야기가 안 들어갔는지도 모르겠는데요. 최근에…. 정대협이… 다음 주에 이런저런 단체들이 모여서 모임을 하는 것 같은데….

단체들이나마나 거기도 뭐, 할머니들 둘밖에 없다 그러데.

▷ 그러니까요. 지금 (운동) 다니시는 분은 두 분인가 세 분인가밖에 안 되시는데, 정대협 쪽도. 그런데 '나눔의 집'에 여러 분 계시고, 또 안

소장이 법적 책임이 아니어도 좋다고 저한테도 분명히 이야기했기 때문에, 그래서 같이 목소리를 내줬으면 좋겠다고 생각하는데, 그런데 이상하게 그러네요. 그래서 제가 못 가고 있어요. 가 뵙고 싶은데.

아무튼 그래서, 제가 4월 29일 화요일에 모임을 계획하고 있어요. 아직 시간 좀 있으니까, 어떻게 하면 좋을지를 저도 생각을 해볼게요. 가능하면, 컨디션 괜찮고 그러시면 한번 나오셔서 말씀해주시는 방향으로…. 한번 생각해봐주세요.

그려.

▷ 네. 그러려면 안 소장…, 한번 그런 이야기도 해봐주시고… 그래야 될 것 같아요. 너무 정대협이나 다른 단체들의 목소리가 크기 때문에….

거기서 뭐, 목소리고 뭐고… 자기네들이 뭐….

▷ 그러니까요. 정대협은 계속 법적 책임을… 다음 주에 하는 심포지엄도 법적 책임을 요구하기 위해서 여러 단체들이 연대하려고 하는 그런 모임이에요. 그러면 영영 해결이 안 되니까…. 그래서 저도, 오늘 사실, 다른 데서 제 계획을 알고, 할머님들한테 막… 이야기를 한다는 말을 듣고, 할머님들한테도 싫은 소리를 하지 않았나 싶어서, 걱정되어서 전화드렸어요.

아니. 이상하게, 글쎄, 내가 뭘 했다고… 싫은 소리 들을 필요도 없고….

▷ 네. 그렇게 말씀해주시니 고맙습니다. 제 생각은 그러니까, 그렇게 알고 계시고요. 다시 또 전화드릴게요.

2014년 4월 25일[51]

해방… 이후도 있고… 이야기를 다 했지… 뭐.

▷ 그러셨군요. 그러면 다른 분들한테도 물어보던가요?

다른 사람들은 말을 잘 못하잖아.

▷ 아, 그렇죠. 지금 거기('나눔의 집')서 의사표현을 정확히 하실 수 있는 분이 몇 분 안 되시죠?

아유, 나밖에 없어.

▷ 정말요? ○○○ 할머니나, ○○○ 할머니랑 많이 이야기하시잖아요?

글쎄. ○○○이하고 ○○○이하고 하는데, 아휴, 나도… 무슨 말인지,

---

51) 위안부 할머니들의 의견을 듣기 위한 여가부 모임에 참석한 이후에 한 통화.

나도 모르겠어. 사투리들을 써가지고.

▷ 그분들은 지난번에 일본에 다녀오셨지요?

네….

▷ 그분들, (일본 정부에게) 법적 책임 지라고 이야기하시지요?

네….

▷ 그런데 전에 제가 안 소장이 쓴 서류 봤더니, 법적 책임이 아닌 쪽
으로 가는 거라고 할머니들이 사인하셨던데…, 그건 어떻게 된 거예
요?

무슨…?

▷ 법적 책임이 아니고, 그냥… 조정으로 해서 보상만 받는 거요.

아유, 법적 책임이고 뭐고….

▷ 네, 그러니까요. 할머니, 그래서….

사과하고 보상… 보상도, 말이 보상이지, 내가 그랬어, 난. 저, 저, 여성
부 장관한테도 그러고…. 나는 진짜… 우리 고향이 아산이고… 충남
아산에, 지금도 가면 흔적이 있다. 우리 아버지 땅이 거기 만 평이 있

는데, 우리 아버지 산소하고…. 그거를 내가, 그걸 내가 찾았어요. 내가 그래서, 그것도 있고… 그런데, 하여튼… 여러 말 하기 싫어서, 나는 말을 할래도(하려도) 수치심이 와가지고… 진짜, 이런 말 지금 와서 하기도 싫다고 그라면서(그러면서), 이야기를 했어요.

▷ 네, 잘하셨어요. 과거 이야기 여러 번 하실 필요 없죠.[52]

그래서 그래. 지금이라도, 만약에 일본에서 말이야, 그러면… 난 열여섯 살 때… 나는 일본으로, 난 만주, 뭐 저렇게… 저런 거 있다는 걸 몰랐어. 나는 그런 거, 그냥… 일본으로 말이야…, 나는 시모노세키로 말이야… 배 타고 밤에 가고 그랬어. 나는 모르는데, 여기 오니까 말이지… 다 다르더라고.

▷ 다 달라요? 할머니들 체험이 다 다르다고요? 할머님은 그러니까, 시모노세키에만 계셨군요?

아니. 시모노세키에서 오사카로 가서, 오사카에서 싱가포르로 가려고…. 다 배도 왔었어, 그때. 배도 큰 배가 왔는데, 히로시마에다 말이지, 폭탄 떨어트리는 바람에…. 그래서 안 가고 왔지. 돌아왔지.

▷ 잘하셨네요. 일본에만 계셨던 거네요.

그래. 그러니까, 만주, 저런 거… 몰라, 나도….

---

52) 할머니 생각대로 수치스러운 이야기이니 과거 이야기를 할 필요가 없다는 뜻이 아니라 '여러 번' 할 필요는 없다는 뜻으로 드린 말씀이었다.

▷ 잘하셨어요. 그쪽 가셨으면, 엄청 고생… 더 고생하셨을 거예요.

글쎄 말이야. 그래서 거기서는… [불명] 많이 먹질 못하기 때문에… 어릴 적에서부터도 외동딸로 커가지고….

▷ 곱게 자라셨군요.

지금도 우리 아산에, 고향에 가면, 우리 아버지 땅이 만 평이 있어서…. 그게 흔적이 있어. 우리 아버지… [불명]를 봐도….

▷ 잘사셨군요.

예. 그래서 오늘 그런 이야길 하고…. 진짜, 아주….

▷ 그러면 법적 책임 요구하지 않는다고 이야기하셨어요? 여가부에?

아니. 난 법적 책임보다도, 보상을 하려면, 나를 열여섯 살로 되돌려주고, 되돌려줄 보상을 하려면… 보상을 말이지…. 내가 모를까, 이거 말이지. 내가 처녀로, 처녀로 시집갔으면, 나는 일꾼한테 보냈어도 일부종사한다. 그렇지만 일부종사 못 하고… 거기 갔다 와서도 고향에도 못 가고 말이지, 응? 진짜 떠돌이 신세마냥 말이지, 진짜…. 비탈길을 평생 걸어가며 이렇게 살았는데…. 70년 동안 나 산 거를 다 일본에서 보상해주면 받고, 안 해주면 안 받는다고 했어.

▷ 아. 그러면 금액도 이야기하셨어요?

아니. 난 금액도 이야기 안 하고… 그냥 내가 70년 동안…. 여기서 말이지, 인간… 우리 대한민국은 예의지국인데 예의를 지키지 못하고 내가 이렇게 산다는 게 양심에 가책돼서…. 이렇게 살았지마는, 보상을 얼마나 할 거야? 나(의) 청춘이라도 돌려주면, 나도 지금부터 공부해가지고 국회의원도 될 수 있고 다 될 수 있다, 그거야. 그런데 신세를 망쳐놨으니 70년 고생한 보상을 해주란(해달란) 말이야. 그러면 몰라도, 뭐…. 그리고 15년 전, 17년 전에 그, 그 무슨 저기에서 말이야, 돈들 받은 사람 있잖아? 죽은 사람들….

▷ 기금…. 네, 알아요.

5000만 원이야. 그러면 17년 전, 5000만 원 쳤으면, 지금 받자(면) 얼마 주겠느냐 말이야? 그때하고 지금하고 모두 땅값이나(땅값으로) 지금이나(지금과) 비교할 때 얼마 주겠냐 말이야. 그걸 비교하고, 나 70년 동안 고생하고 살고, 인간 구실 못 하고, 이렇게 수치스럽게 산거…, 보상하려면 따져가지고 보상받겠다고 그랬어.

▷ 아무튼, 할머니. 중요한 건, 액수는 나중 일이고, 이야기를 해야만…. 전에 말씀드렸지만, 20년 동안 문제가 해결이 안 된 게 정대협이 계속 법적 책임을 주장하니까, 일본에서도 받아들일 수 없어서 안 됐었던 거고요….

아니, 그거야 보상을 안 해주니까 법적 책임이래지, 무슨 법적 책임이야.

▷ 그러니까요. 법적 책임 주장이 아니고, 그냥 보상·사죄를 하라고 해야 이야기가 시작되거든요, 제 생각에는…. 그렇게 이야기했었고, 기존 정대협도 그렇고…. '나눔의 집'은 조금 변한 것 같지만…. 제가 (자신들과) 다른 이야기를 하니까, 정대협에서는 저를 싫어하고 그러는데….

아니, 싫어하고 좋아할 것도 없어. 우린 그래도 한국 사람이야. 그렇잖아? 같은….

▷ 네. 그래서 제가 다음주에…. 전에도 이야길 했지만, 다음 주 화요일 날, 이 문제로 심포지엄을 해요, 서울에서. 그래서 제가 거기에 할머님들도 좀 모시고… 그럴 생각을 했는데, 그래도 나오긴 싫으시죠?

아니… 난 잘 안보이니까. 어디 가기가 싫은데….

▷ 제 생각에는, 저 같은 학자가 100번 이야기해봐야 소용없고…. 전에도 말씀드렸지만, 할머니가 오늘 외교부에 어떻게 이야기하셨는지 모르겠지만, 그동안….

지금 나 이야기한 것같이, 그렇게 이야기했어.

▷ 네. 그러니까, 지원단체는 계속 할머니들의 대변인이라고 하면서, 할머니들도 법적 책임을 요구한다, 이렇게…. 하여튼, 20년을 이야기하다 보니까, 이제는 정부도… 최근 2년 동안 일본에 대해서 그렇게 이야기한 거예요, 한마디로…. 지원단체….

나는 정부에서 책임지라고 했어. 우리 정부에서 다 책임지라고….[53]

▷ 네. 그래서 그런….

나라가 없어서 그랬는데 말이지, 우리가 그렇게 희생당하고 말이야. 대한민국이 말이지, 히로시마 폭탄 때문에 말이야, 이렇게 됐는데…. 나라에서, 우리 한국에서 책임지란 말이야.

▷ 네. 그래서 아무튼, 어느 쪽으로 하든지 간에, 법적 책임이 아닌 방식으로 해야 뭐가 되는데, 요는 할머님들이, 그렇게 생각하시는 분들이 있다는 걸 사회에서 모른다는 거예요. 모르다 보니까, 저 같은 사람이 이야길 해도, 아니다, 할머니들은 그렇게 생각 안 한다, 이렇게 그동안 이야기되어왔고요, 이렇게 되면 끝까지 문제가 안 풀리니까요.

이거는 세계적으로 아는 거고.[54] 이게, 지금 말이지… 일본에서… 이게 뭐, 강제로 안 끌어갔다 말이야. 挺身隊(정신대)라는 게 있었잖아? 大東亞戰爭やる時(대동아전쟁 할 때) 挺身隊、挺身隊(정신대, 정신대)라고…. 나중에는 막, 공출해갔어, 공출….

▷ 근로정신대가 있었죠. 요는, 할머님들을 모시고 싶은데…. 나와주시면 안 될까요? 그러면 정말 파급력이 클 텐데….

---

53) 이분은 보상금을 많이 받을 것을 원했는데, 보상 주체는 꼭 일본이 아니어도 좋다고 생각했다.

54) 이분의 경우 "세계적으로 아는" 것이라는 표현으로 일본의 고립, 혹은 한국의 강자적 위치를 강조했다. 반면 배춘희 할머니는, 바로 그런 '세계적' 운동을 못마땅해하셨다. 같은 위안부 할머니 간에도 운동방식을 바라보는 관점이 달랐음을 보여주는 발언이다.

아니. 나 같은 사람은… 거기까지 혼자 나가는 거면 내 맘대로 다니니까 괜찮은데, 여기 있는 사람들은 다 못 데리고 나가.

▷다는 안 되지요. 어차피, 본인의 의사를 말씀하실 수 있는 분이 다 나가실 수는 없을 것이고… 이런 분도 계시다, 그리고 한 사람이 아니라 여러 사람이다…. 제가 이미, 여러 분이 그렇게 생각하신다는 걸 알았잖아요.

여기 사람들은… 내가 하는 대로 따라와.

▷그러면 그 이야길 해주세요. 그런데 안 소장이 바깥에는 그 이야길 안 해요. 제가 안 소장도 그렇게 생각한다는 걸 알고, 이번에…, 부산의 김문숙 회장님 아시죠?

김문숙 씨?

▷부산 정대협 회장님인데, 그분이 이번에 나오세요. 그래서 사실은, 안 소장도 그분도 법적 책임 필요없다, 사죄·보상하라, 이런 입장이어서…, 정대협하고 다른 입장인 거죠.[55] 그래서 그분도 나오시는데, 안 소장도 같이 나왔으면 했어요. 그런데 안 소장은 요즘 제가 전화해도 안 받고. 무슨 생각을 하는지, 할머니를 만나도 오히려 싫어하고

---

55) 2013년 가을에 처음 '나눔의 집'을 방문했을 때 사무국장이 보여준, 법적 배상이 아니라 조정에 이르는 것을 목적으로 하고 있는 서류를 본 이후, 나는 '나눔의 집'과의 소통을 기대했었다. 나중에 알게 되었지만, '나눔의 집'은 '법적 배상'이라는 목표를 내세운 정대협과 연대하거나 독자적인 방식을 모색하는 등 방침을 변화시켜갔다.

그래요. 그래서 못 가고 있는 거예요. 제가 보기에는, 할머니가 중심이 되어야 하는데, 지원단체가 나서서 그렇게 가로막고, 말을 못 하게 하고, 또 저 같은 사람 못 만나게 하고…, 저는 이게 너무 문제라고 생각하거든요. 그래서 이제 직접 할머님들의 의사를 전달하고 싶고…. 그렇게 되면, 오늘 외교부가 ('나눔의 집'에) 왔다지만, 사회에서 정말, 지금 지원단체에서 하는 이야기만 정말이 아니구나….

아니, 이거는 우리 둘이 개인적으로 비밀인데, 얼마나 보상해줄 것 같아? 보상해주면?

▷ 그건 이제부터 논의를 해야죠. 제가 이번에 제언을 하는데, 양국 정부는 당장 협의체를 만들어라, 하는…. 왜냐하면 갑자기 얼마다… 해서 하자 하면 해결이 안 돼요. 그렇게 하면 정대협 같은 20년을 운동해온 사람들이 의견을 절대로 안 바꿔요. 같이 연대하고 있는, 변호사나 학자들도 있기 때문에…. 20년 동안 주장해온 걸 금방 바꾸겠어요? 안 바꾸지. 그러니까 막 반대를 할 텐데….

에휴, 맞어.

▷ 양쪽의 극단적인 반대의 목소리만 크지만, 이 문제를 다들 알면서도 내용을 잘 몰라요.

그렇지.

▷ 협의체를 만들고, 양측에서 이 내용을 어떻게 하면 좋을지 의논하

면서, 그 과정을 언론에 공개하라는 제언을 해요. 그러면 사람들이 내용을 보면서 이 정도면 합리적이겠다, 이렇게 하면 되겠다, 이렇게 생각을 할 수 있잖아요?

[중략: 아시아여성기금 해산 이후 케어활동을 해온 일본인에 대한 언급, 해결 지연에 대한 불만]

▷이 문제에 관심이 있는 학자, 변호사, 뭐… 이런 사람들… 저도 사실은 외교관들과 이야길 많이 하거든요. 제 입장은 한국도 설득해야 하고 일본도 설득해야 하고…. 일본은 아무것도 안 한다고 그러잖아요, 아무것도…. 그래서 어렵지만 그걸 해보려고 하고 있고…. 제 이야기에 귀를 기울이는 사람들이 좀 있거든요. 그래서 가능성이 보이기 때문에, 협의체를 만들고, 그다음에…. 양국이 계속 이 문제로 싸우기만 하고, 혐한이다 반일이다 그러는데, 양국 민간단체도 그렇게 싸우지만 말고, 이 문제를 해결하자는 제언을 해요. 그걸 하기 위해서….

아니, 지금 있잖아. 19번(채널)에서, 대통령하고 오바마하고….

▷아, 한국에 왔군요. (오바마도) 전혀 움직일 수 없어요. 이 문제가 너무 복잡하게 꼬여서….

위안… 위안부 문제에 대해서 나와. 들어봐봐.

▷19번이요? 그럼 제가 보고 내일 다시 전화드릴게요.

2014년 4월 27일[56]

외무부 사람이, 그분이 오셨을 때, 와서 한 이야기 그대로 할게.

▷아무튼, 편안하게 하시고, 할머니가 어떤 분인지 이야기해야 하니까, 여쭤볼게요. 할머니, 옛날에 어떻게 그렇게 (위안부로) 가시게 되었어요?

네….

▷몇 살 때, 언제 어떻게 가시게 되었는지, 간단히 설명해주세요.

대동아전쟁 말기 때… 대동아전쟁 말기 때는, 挺身隊(정신대)라고 있었는데, 挺身隊(정신대) 그 쪽지를 내보내면… 면사무소 가보면 다 알잖아. 내보내면 애들이 도망가고 없으니까, 마지막 때는 막 공출했어.

---

56) 심포지엄에 자신의 발언을 내보내는 걸 수락하신 이후, 내보낼 이야기를 전화로 녹음하던 날.

한국… 젊은 사람이고 여자고 말이야, 길거리에서…. 집에 찾아가면 없으니까, 길거리에서 애들 그냥 막 공출해갔지.

▷ 할머니는 고향이 어디세요?

나는 충남이야.

▷ 몇 살 때 어떻게 가셨는지 간단히 말해주세요. 어디로 어떻게 가셨는지?

아휴.

▷ 죄송해요. 말씀하고 싶지 않겠지만, 간단하게 말씀해주시면 돼요.

아니야. 저기… 나는 도망가 있다가… 사람이 왔어. 사람이 와서, 60리를 걸어 집에 갔더니, 그날 저녁에 징용 가는 사람이랑 결혼을 시키더라고, 밤에…. 그 사람은 이틀 있다가 징용 가고, 나도 붙들려 갔어. 둘이 다 붙들려갔어. 왜냐면, 그렇게 가기 전에 먼저 말이지… 먼저 말이지, 혼인신고를 했어야 해. 혼인신고를 안 하고 말이야, 밤 중에 물 떠놓고 결혼했다고 그러니 누가 곧이 들어줄 거야. (그래서) 둘 다 붙들려갔지.

▷ 어디로 가셨어요?

난, 시모노세키로….

▷ 아, 처음엔 시모노세키로 가셨어요? 어떻게 배 타고 가셨어요? 누가 안내하는 사람이 있었어요?

그렇지. 있었지, 일본 사람….

▷ 거기가 어떤 곳이었는지 간단히 설명해주실 수 있어요?
어떤 곳인지 모르지. 그런 건 설명 못 하고… 어쨌든 말이지….

▷ 군부대 안이었나요? 밖이었나요?

안에 있었지. 저, 저… 불 같은 거 시커먼 걸로 둘러씌워서 배도 가던데, 밤에….

▷ 둘러씌워서… 갔다고요?

밤에, 배에 불이 비치잖아? 그것도, 이렇게 말이야… 그것도, 카텐(커튼)마냥 불을 이렇게 씌우고… 요 앞에만 말이야. 환하게 하고 갔단 말이야.[57] 그런데 내려서 보니 시모노세키라고 말하더라고.

▷ 그러셨구나. 몇 살 때였어요?

아휴, 지금… こっちの部屋にみんなおるよ。みんなおるからね(여기 사람들 다 있어. 모두 있거든)….[58]

---

57) 정황으로 봐서는 밀항 장면으로 보인다.
58) 누군가가 방에 들어온 듯, 갑자기 일본어를 사용했다.

▷아, 가족분이 계시는군요.

16才の時、そしてそこで一年くらいもっと…下関で居ってまた大阪に行ったよ。大阪で[…]おるのに、シンガポール落ちたといって船が来て待っておったよ(열여섯 살 때 거기서 1년 정도 더… 시모노세키에 있다가 오사카로 갔지. 거기 있는데, 싱가포르가 함락되었다고 배가 와서, 기다리고 있었지), 그러니까 나는….

▷정말 고생 많이 하셨어요. 오래… (고생)하셨을 텐데, 앞으로 이 문제가 어떻게 해결되었으면 좋겠다고 생각하세요?

지금 내가, '나눔의 집'에 있어서 환경도 그렇고…. 우리는 90대로서 말이야, 죽을 때가 됐는데…. 지금 기억력 있는 사람도 열 사람 중에 세 사람밖에 없어. 걸어다니고 말이라도 하는 정신 있는 사람이 세 사람인데…. 그 사과하고, 옛날에 말이야… 우리 다 같은 사람, 한국 사람이니 솔직히 얘기… 36년간 일본에서 통치했잖아. 그동안 진짜… 우리 2세들은 하나도 몰라. 노예생활했다는 거야. 농사해도 신탁회사에서 다… 와서 농사해놓으면 다 해가고, 지푸라기나 먹고…. 산, 산마다, 산에마다 철…, 저거 뭐야…, 그거 다 박아놓고 말이야.[59] (일본이) 그래놓고… 우리는 그때 공출이었어(공출당했어). 전부 집에다 안 두니까, 면사무소 가면 누구네 집에 몇 살 먹은 딸이 있다고 하잖아. 그러니까 전부 다, 모두 피해 있으니까, 길거리에서… 거짓말한다고 말이지, 그러게…. 무서워서도, 지금 같으면…. 우리는 동방예의지국에서 태어난 여자로서 말이야, 그때는 어렸지만, 그걸 너무 기억해.

---

59) 산에 쇠말뚝을 막았다는 이야기인 듯하다.

동방예의지국에서 나는 외동딸이었어. 우리 한국 사람들은 예의를 첫째 지키고, 정조를 지키고, 도덕성을 잊지 않고 기억하고, 일부종사하고 살아야 하는데, 이건 말이지, 일본 사람한테 다 뺏기고 말이야. 그때 먹을 것이 없어서 중국 사람한테 팔아먹었다고, 아베 그러지만, 중국 사람한테 먹을 것이 없어서 팔아먹었다는 소리는, 난 그런 소리는 이 집에 와서 처음 들어.

나는 그… 저기, 외교부에, 내가 말할 때… 나는 지금 말이지, 나는 지금 팔십일곱인데… 17세 때부터 말이야, 16세…. 70년 동안 가시밭을 말이지 걸어온… 말이야, 그걸 다 생각해서 보상해주려면, 돈으로 해결 못 한다, 내(나를) 젊은 16살로 돌려놓아라, 그러지 않고 70년간 나 살아온 것, 정신적으로나 육체적으로, 물질적으로, 고난과 고통을 받아가며 고향에 들어가지도 못하고…, 세상에서 말이야, 비탈길을 걷고 살은(살아온) 것 생각하면, 청춘을 못 돌려주면은… 내가 만족할 말이지, 다 계산해서, 70년 계산해서 보상해라, 그렇게 보상을 일본에서 안 하면, 한국에서 하십시오, 한국에서 책임지십시오, 더이상 말하지 않겠다고.

▷ 보상을 해주면 할머니 마음이 풀리실 수 있겠다…, 이런 말씀이죠?

그러니까, 보상도 보상 나름이지. 저 사람들, 17년 전에 6000만 원씩 줬대. 그리고 17년 전 말이지, 모든 물가 비교하고 지금 비교하면, 6000만 원 줬으면, 지금 10억 원 줘도 모잘라(모자라). 그때 (그 돈으로) 땅 사고 집 사고 다 했지만, 지금은 10억 원 준대도…. 아파트, 여기저기 있잖아, 30평짜리 8억이래. 그러니까, 지금 이제 아베가 무슨 말을 하겠다, 그러면, 정부 대 정부로서 어떻게 하는가 봐가면서, 우리 정부와 싸우지, 일본하고…. 늙고 병들고… 저 사람들을 만나… 나, 일본에 가서 몇 번… 그래서 안 갔어. 누추한 말인데, 구구한 사정하러 나, 일본에 들어가기 싫단 말이야.

▷ 근데 할머니, 지원단체는 보상금보다 사죄다, 이렇게 말하는 사람도 있고요, 법적인 책임을 요구할 것이냐, 이게 중요한 문제가 되고 있어요. 이건 어떻게 생각하세요?

솔직히 우리는 같은 한국 사람이니까 말이지, 무슨 사죄 · 보상은 필요 없고…. 사죄하라? 그거, 하기 좋은 말로 하는 거지. 지금이라도 말이지, 나 같은 놈은 말이야… 아니, 집도 절도 없고 말이야… 살다 보니까 말이지, 내가 돈이 있으면 집이라도 한 채 사서 자식들과 같이 살고 싶지, 집도 없고 절도 없어서 '나눔의 집'에 있는데, 나는 지금 보상이라도 받으면 나(내) 자식들하고 집 사가지고 살다가 죽지, 이렇게 안 살아. 그러면, 보상을 받으려면 그 정도는 해줘야지. 형식적으로 말이야, 옛날식으로 눈 가리기를 조금 해주고 그런다면 안 받는 게 낫잖아? 우리 정부한테 받지. 차라리 미루는 게 낫잖아? 그러니까….

▷ 한국에서는 장관도 나서서 법적 책임을 요구하고 있어요. 거기에 대해선 어떻게 생각하세요?

법적 책임이라는 건, 거기서, 일본에서 어떻게 하느냐 문제겠지. 안 그러면 법적 책임을 뭐하러 할 거야. 사죄하고 말이지. 지금 말이야, 앞으로 살은(살아갈) 인생이나마 보답한다고… 그러면 말이지, 주면은 말이지, 뭐 받고, 법적 책임은 모르겠어요. 지금 아베가 생각이 다를 거고… 지금 인제, 솔직히 일본은 세계적으로 고립 상태야. 그러니까 우리는 한국 사람이니까…. 그렇지만 나는 한국 사람, 일본 사람, 그런 거 따지기 싫어. 옛날에는 그렇잖아. 우리 딸도 일본에서 살고, 나도 일본 사위를 데리고 있지만…. 저기 뭐야, 일본에 있지만, 일본에서 잘못한 건 잘못이잖아. 사실은 말이야. 응? 잘못한 것은 잘못한 것대로 시인하고, 솔직히 그리고, 이웃 간에 잘 살 수 있는데, 막 강제성을 띤단 말이야. (지금은) 옛날 한국이 아니야. 옛날 담뱃대 물고, 양반 시대가 아니잖아. 아베가 다시 마음 잘 먹고, 적당하게 보상도 해줘야지. 우리가 이만하면 됐다 그러는데…. 정부가 뭐 때문에 법적으로… 이유를 대겠어? 그렇잖아?

▷ 그러니까, 보상 금액이 적당하다면, 꼭 법적 책임을 지우는 일을 요구하지 않아도 된다는 말씀이신가요?

그렇지. 나는 그런 거를 말이야, 강조하겠어, 진짜…. 그러니까, 17년 전에 말이야, 6000만 원을 해줬다면, 지금은 10억 원 줘도 그렇게 못해. 그런데 그 정도로 안 주려면 말이야, 안 받고 법적으로 가든 말든 상관없지만, 10억 이상이라도 준다면, 내가 나서서라도…. 그건 말이지 진짜, 우리 할머니들 사는 동안 만족시키지 않으면, 무슨 보상이라도 받을 필요 없잖아?

▷ 지금 10억이라고 하셨어요? 20억이라고 하셨어요?

20억을 준다면…. 저기 정부에 (내가) 한 말에, 난 70년을 갖다가 다 계산해서 보상하라고 그랬어. 일본에서 그거 70살을 보상 안 해주면 우리 정부에서 책임지죠, 이렇게 말했어.

▷ 그러니까, 할머니는 20억 원을 적절한 보상 금액이라고 생각하신
다는 거지요?

네. 난 20억을 적절한 금액이라 생각해.

▷ 네, 그러시군요. 그렇다 하더라도, 논의에 들어가야 하는데, 그 협
상을 위해, 법적 책임에 연연하지는 않겠다는 말씀이신가요?

그렇지. 내가 그 정도만 되면 내가 나서서, 법적⋯ 정부에서 말이지.
어떻게 하는지 모르지만, 언제까지 정부에서 도와주긴 하는데, 정부
에서 어떻게 할지는 모르는데, 내 개인적인 생각은 그렇다는 거야.

▷ 네 알았습니다. 할머님 생각을 잘 알았고요, 할머니가 허락을 해주
셨으니까, 누구라고 말하지 않고, 이 목소리를⋯ 전하도록 하겠습니
다.

예, 그래요. 수고하고, 다음에 이야기해요.

▷ 네, 다시 연락드리겠습니다. 고맙습니다.

에필로그

"서발턴은 말할 수 있는가"

1.

"서발턴(subaltern: 하위계층)은 말할 수 있는가?" 이미 30년이 지났음에도 여전히 유효한 이 질문을 던진 건 인도의 여성학자 스피박이었다. 스피박은, 남편과 함께 순장당한 인도의 여성 등 사회의 하위계층 문제에 대해 논하면서 그녀들의 목소리를 듣고 전달하려 한 지식인들조차 오히려, 바로 그런 구조 속에서 그녀들을 소외시키고 있지 않은지 물었다. '피해자'의 목소리를 듣고 생각하고 전달하는 과정에서 생길 수 있는 재현의 문제와 그로 인해 발생할 수 있는 폭력에 대해 물었던 것이다. 그리고 이 질문은, 사회에서 발생하는 여러 종류의 '피해자'를 위해 발언하고 행동하는 '대변자'—운동가 혹은 이론적 무기를 제공하는 연구자와 당사자 간의 관계에도 대입해 생각할 수 있는 물음이다.

　물론 스피박은 그런 '대변'이 아주 불가능하다고 말한 건 아니다. 스피박의 시도는, 상대의 목소리를 상대의 맥락 속에서 파악하지 않고 자신의 맥락 속에 넣어 듣고 있지는 않은지에 대한 질문이었고, 그에 대한 끊임없는 자각을 촉구하는 질문이었다고 나는 이해한다. 끊임없는 자각, 그것이 없이는, 자신의 생각을 표현할 충분한 언어 혹은 다른 수단을 갖지 못한 '당사자'들의 생각을 '지식인'이 자신의 지식과 권위로 오독하고 점유하고 때로 횡령할 수 있는 위험성을 지적한 것이다.

나 역시, 예기치 않게 이 책을 정리하게 되면서 그런 질문을 나 자신에게 수없이 던졌다. 물론 이 기록은 정식 인터뷰가 아니고 어떤 테마로 묶어 제공하는 것도 아니니 그 위험은 작다고 하겠지만, 그럼에도 나는 묻지 않을 수 없었다. 이분들의 목소리를 나는 왜 들으려 했는가? 그리고 어떻게 들었는가? 나의 맥락 속에 함부로 구겨넣어 내가 하고 싶었던 이야기를 '대변'시키려 했던/하는 것은 아닌가? 결과적으로 잠시 나에게 마음을 열었던 분들의 목소리를 나 역시도 '이용'(이용수)하는 결과가 되는 것은 아닌가?

오랜만에 녹음을 찾아 반복해 들으면서도, 그리고 아직 완전하지 않은 형태의 기록을 몇몇 지인들에게 보여주고 의견을 기다리는 동안에도, 심지어 지인들의 긍정적인 의견을 듣고 난 이후로도, 답변은 쉽게 나오지 않았다. 특히 배춘희 할머니의 경우 자신의 생각이 세상에 알려지는 것을 살아생전에는 원하지 않았기 때문에, 고민이 깊었다. 무엇보다, 이용수 님의 기자회견 이후 그랬던 것처럼 어렵게 나온 '목소리'가 그저 공격이나 옹호라는 방식으로 다른 맥락에서 소비되고 '이용'되는 일만은 없어야 했다. 그래서 나는 생각하고 또 생각했다.

최종적으로 결론을 내릴 수 있었던 건 배춘희 할머니가 정말 원한 것이 무엇이었을지 대해 명확히 이해했다는 확신이 들고서였다. 표

면적으로는 "우리 둘만의 이야기"일 것을 원했고, 그래서 나도 배 할머니 살아생전에는 약속을 지켰지만, 정말은 여기에 담긴 이야기들이 배춘희 할머니의 '가장 하고 싶은 이야기'였다는 확신, 가장 하고 싶은 이야기란 결국 '전달하고 싶은 이야기'라는 확신, 생전에 또다른 누구에게 말하지 않았던 건 그 일로 피해를 받을 수 있다는 두려움 때문이었을 뿐 지금 다시 여쭌다면 오히려 직접 전하고 싶어했을 거라는 확신.

그래서 나는 내가 들은 '모든' 이야기를 있는 그대로, 그분의 말에 귀 기울여줄 '모든' 이에게 보내기로 했다. 그건, 이 기록의 공개가 가져올 파장을 염두에 두면서 공개 여부를 고민했던 '지식인'으로서의 나, 다시 말해 '관리'자가 되려 했던 나 자신을 반성하고 그저 '말하고 싶어한' 한 사람의 마지막 목소리들을 우연히 들었던 사람으로서의 책무를 우선시하기로 한 결정이기도 했다.

특히 배춘희 할머니가 호소했던 남모르는 분노와 절망에 대해 우리 사회가 '응답'해야 한다는 생각을 하게 되면서, 나는 더이상 고민하지 않기로 했다. 그리고 나는 30년 '운동'의 결과 세계적으로 정착되고 또 대립 중인 '성노예'와 '매춘부'라는 네이밍—'지식인'들의 네이밍으로부터 이분들이 해방되는 것부터 시도하기로 했다. 이 책에서, 일본군에 의한 네이밍이라는 이유로 그동안 붙이는 것이 당연시되어왔던 '위안부'의 따옴표를 없앤 까닭도 거기에 있다.

여기 나오는 이야기들은 우선 2020년 5월의 이용수 님의 문제제기와 많은 부분 호응한다. 지원자가 위안부 피해자를 동등한 인격체로서 존중했는지, 즉 칸트를 빌려 말하자면 수단이 아니라 목적으로 대했는지, 이용수 님의 표현을 빌리자면 '이용'하지는 않았는지. 배 할머니는 이에 관한 많은 생각을 내게 털어놓으면서도 끝내 자신의 생각을 직접 세상에 전하지 못하고 저세상으로 떠났지만, 이 책을 통해 뒤늦게나마 전해질 배 할머니의 목소리는 그 점에서 이용수 님과 함께 나란히 달릴 수 있는 또 한 사람의 독립적인 '주자'가 되어 줄 것이다.

하지만 동시에 배 할머니의 목소리는 이용수 님의 '목소리'와 꼭 같지는 않다. 특히 '운동'의 내용과 방향, 그리고 운동의 방향을 결정해온 '위안부에 대한 이해'에서 두 분의 생각은 오히려 꽤 많이 다르다. 그런 의미에서도 이 책이 그저 반대나 옹호 대상이 되는 게 아니라, 즉 운동과 정치의 틀에 가두어지는 것이 아니라, 듣는 이 한 사람 한 사람이 그저 차분히 마주하는 '또 하나의 목소리'가 될 수 있었으면 한다.

사실 전자—운동의 내용과 향방—를 생각하고 논하는 데에는 후자에 관한 정확한 이해가 필수다. 하지만 불행하게도, 그동안 우리 사회에서 후자에 관한 논의는 결코 충분하지 않았다. 2020년 5월의 '사태'—윤미향 전 정대협/정의기억연대 이사장의 비례대표 국회의원 출마/당선 및 이용수 님의 기자회견, 그리고 '나눔의 집' 관련 내부고발 사건—이후 수많은 의혹과 비난이 난무한 와중에도 누구도 지원단체가 주장하는 '대의'를 의심하지 않았던 것도 바로 그 후자가 빠졌기 때문이다. 말하자면 모두가 옹호한 '대의 30년'이란 가장 중요한 논의가 빠진 채 관성적으로 앞으로 나아간 30년이기도 했다. 6월로 접어들자 식자들이 성급하게도 '향후'를 논의하기 시작한 것도 모처럼 나온 '목소리'의 본질을 필요한 만큼 충분히 듣지 않은 결과였다고 나는 생각한다. 수많은 의혹들이 제기되면서도 지원단체와 관계자들 대부분이 아무 일 없었다는 듯 원래대로 활동을 이어가고 있는 2020년 8월 초의 정황 역시, 그런 방식으로 지켜져온 '대의'의 결과라고 해야 한다. 모처럼 나온 목소리가 운동에 근본적인 변화를 주지 못하고 다시 수렴된 이유 역시, 문제의 본질—위안부에 대한 이해와 그것에 바탕을 둔 운동방식에 대한 질문이 없었기 때문이다. 문제는, 그러는 한 대변자와 피해자(혹은 내부 희생자) 간의 힘의 비대칭 구조는 개선되지 않는다는 점이다. 그리고 그런 비대칭 구조가 개선되지 않는 한 '당사자'라 할지라도 '다른 목소리'는 언제든 다시 묻히고 말 것이다.

그런 의미에서, 이 책이 그 '대의'와 비대칭 구조에 대해 다시 묻고, 이용수 님의 문제제기에 빠져 있었던 것은 무엇이엇는지에 대해 생각하고, 그리고 나서 '향후'를 다시 모색할 수 있는 자료가 될 수 있기를 바란다. '운동'이나 구호를 넘어선 차분한 논의의 출발점이 될 수 있기를.

많은 구술 기록들과 마찬가지로, 이 대화 기록도 취사선택을 거쳐야 했다. 하지만 기본적으로는 나에게 남아 있는 기록의 거의 전부이므로 실질적인 취사선택은 없었다. 양이 많았기 때문에 산만해지는 것을 피하기 위해 신체 관련 이야기, 개인에 관한 이야기, 반복되는 이야기 등 일부를 삭제했지만, 이야기의 흐름이나 내용을 왜곡할 수 있는 삭제는 하지 않았음을 밝혀둔다.

반면 지원단체 관계자 등에 대한 비판을 삭제하지 않은 이유는, 그 비판/비난이 2020년 5월 이후 사적인 비난을 넘어 공적 영역의 것이 되었기 때문이다. 특히 지원단체에 대한 위안부 할머니들의 생각은 심미자 할머니나 이용수 할머니 등 극히 소수의 생각밖에 알려지지 않았기 때문에, 당사자들을 위해서는 물론, 기부금 등으로 지원에 동참한 이들을 위해서도 그런 목소리를 남겨둘 필요가 있다고 생각했다. 때로는 다소 거친 부분까지도 남겨둔 이유 또한 거기에 있다.

2.

여기에는 싣지 않았지만, 배춘희 할머니와의 만남은 첫 만남에서 부터 '일본을 용서하고 싶다', '하지만 그 말을 하지 못한다', '적은 100만, 나는 혼자'라는 말과 만난 놀라운 체험이었다.

나는 그런 이야기가 이른바 '위안부' 문제 발생 이후 20년이 넘도록 이 사회에 나오지 않았다는 점에 우선 놀랐다. 배 할머니는 나의 그런 의문에 대해 "말이 안 되는데, 싫으면 말 안 한다고"라고 대답했다. 나에게 그 말은 다른 분들의 이야기와는 다른 자신의 이야기가 사회적으로 수용되지 않을 것이므로 적극적으로 침묵을 선택했다는 이야기로 들렸다. 또 대화 중에 자주 일본어를 섞어 사용할 만큼 배 할머니에게는 일본어가 편한 언어였기에, 어쩌면 한국어와 일본어 양쪽을 충분히 이해할 수 있는 청자를 찾을 수 없었던 건지도 모르겠다. 아무튼, 그렇게 해서 우연히 같은 식탁에 앉았던 첫 만남 이후 배 할머니는 자주 나에게 전화를 했고, 그리고 많은 이야기를 쏟아놓았다.

그중 가장 눈에 띄는 건 역시 할머니들을 앞세워 기부금이며 지원금을 얻어 "땅 사고 집 사는" '나눔의 집'의 모습이다. 또 가장 기본이 되어야 할 거주 환경과 식사 환경이 결코 만족스럽지 않았던 정황, 일상 속의 감시, 배 할머니에게는 작은 기쁨이었던 손님─일본인과의 만남이 당사자의 의사에 반해 차단되는 모습, 정대협이 자신들이 보호하던 할머니에게 일본의 사죄·보상에 관한 정보를 왜곡해 전달한 듯한 정황, 그저 "배상에만" 관심 있는 것으로 보였던 관계자들의 모습 등이 눈에 띈다.

기부금 모집을 위한 강연(증언 활동)에 나갔는데 중학생만 30명 있더라는 서글픈 이야기로 시작되었던 '돈'에 관한 이야기는 이후 "얼

굴 팔기"로 표현되었고, 지원단체의 그런 자산 축적 활동이 인생을
많이 남겨놓지 않은 할머니들에게 무슨 의미가 있겠느냐는 탄식으로
나타났다. 그런 탄식의 대부분은 '나눔의 집'을 향한 것이었지만, 때
로는 정대협을 향하기도 했다.

> "그런 장사, 그만두지를 못한다 말하잖아. 어디에서 ああいう商売(저런
> 장사)… 밑천 없는 그런 장사를 누가 어디 가서 할 끼라(거야), 그런 장사
> 를…."

> "사람이 없으니까 내가 얘기하지만, 윤미향, 그거는 얼마나 재미있어. 일
> 본에서 팬들이 돈도 몇십억씩 해서 부쳐주지, 그리고 '나눔의 집'은 '나
> 눔의 집'대로 할매들 얼굴 팔아가지고, 그래가지고 돈 벌지. 그런 장사
> 그만둘 수가 없단 말이야."

> "그 집은, 철저하게… 이것들이 위안부 할매들을 얄삽하게 보고 商売(장
> 사)해처먹는 기라…. (둘 다) 똑같아."

> "위안부 핑계 대고 (운동을) 잡고 있는 기라."

배 할머니의 침묵은 '대변자'가 다름 아닌 위안부 문제 관련 활동
으로 쌓아온 사회적 신뢰와 명성과 권력이 너무 커져서 그에 대한 이
의 제기는 '당사자'조차 어렵다는 걸 알았기에 선택된 것이 분명했
다. 같은 '당사자' 간에도 힘의 차이는 있다. 심미자 할머니의 정대협
비판과 호소가 무시된 건 그분이 정대협과 함께하지 않았기 때문이
으로 이해되어야 한다. 2020년 5월 이용수 님의 기자회견이 폭발적

인 주목을 받은 건, 그분이 거주지는 지방이었지만 주로 중앙에서 활동하면서 정대협과 함께했던 분이기 때문이다. 주목을 받기는커녕 바로 그 '대변자'에 의해 불이익을 당할지도 모른다는 두려움은 '나눔의 집' 거주자처럼 따로 가족이 없거나 있어도 형편이 썩 좋지 않은 분일 경우, 더 컸다. 또 그 차이는 그대로 당사자와 대변자 간의 힘의 차이가 되어 나타났다. '힘'의 차이를 내면화한 이들은 목소리를 내지 않는다.

하지만 침묵은 소리가 되어 나오지 않을 뿐, 목소리가 아닌 건 아니다. 배 할머니가 이렇게 말하고 있는 것처럼.

> "우리들이 지(지원단체) 마음을, 見ておる(보고 있지). 사람들이(사람들의) 속을 다 안다고. 정대협이는 어째가지고 해먹는다. '나눔의 집'은 할머니 얼굴 팔아가지고 전부 돈 받아가지고 집 짓고 땅 사고 전부 저런 데다 그런다는(돈 쓴다는) 거⋯. 人情もクソも(인정이고 나발이고) 없다 카는 거. **그걸 아니까 腹が立つ왜**(화가 난다고)⋯." (강조는 필자)

'당사자'들은 합의한 적 없는 '대변자'들의 행동을 명징하게 바라보고 있었다. "그걸 아니까" 분노하기도 했다. 어쩌면 훨씬 더 많은 분이 이런 생각을 했을 수도 있다.

식사와 주거 환경 등에 관한 이야기는 2020년 5월에 '나눔의 집' 내부고발자들이 했던 이야기와 일치한다. 심지어 '당사자'는 '대변자'에게 밥을 먹지 못해도 "시간이 가면 밥 먹으러 오겠지" 하는 식으로 여길 수 있는 대상이었다. 그 공간이 배 할머니에게 "지옥이나 다름없"다고까지 표현된 건, 설사 누군가가 다르게 여겼다 해도, 하나의 진실이다. '당사자'가 기대하는 특별한 배려를 받기 어려운 공간

이 언제나 "치유공간"이거나 "힐링센터"일 수는 없었다. 배 할머니가 작고 한 달 전에 토해낸 "사람은 살려놓고 봐야지!", "뒤에서는(남들 안보는 데선) 人情도クソもないわけ(인정이고 나발이고 없다고). 아니, 옆에 있는 사람이 아파서 누워 있으면, 피가 모잘라서(모자라서) 누워 있으면, 참 어떡하나, 하고 걱정을 하는 게 원칙 아닌가? 엉뚱한 소리 해가지고, 병원에 와가지고, とんでもない薬を(터무니없는 약을) 먹이고 하는 거…", "사람은, 어떤 사람이든지 살려놓고 봐야 되잖아!" 하는 피맺힌 외침은 바로 그런 외침이었다.

할머니는 자신이 복용하고 싶지 않았던 이상한 약—'자이렌'—을 거부했기 때문에 (따로 자신을 돌볼 인력이 없음에도) 다시 '나눔의 집'으로 이동 '당했다'고 생각했다. 물론, 그건 그저 약자가 때로 품을 수 있는 의구심일 수도 있다. 하지만 중요한 건 '당사자를 위한' 것으로 간주된 공간이 정작 당사자에게 그런 의구심을 품도록 만드는 곳이었다는 점이다.

배 할머니 작고 후, 승가대학에 기부하고 싶다고 했던 할머니의 마음을 비웃기라도 하듯 '나눔의 집'이 소송까지 걸어가며 유족에게서 유산을 뺏어간 건(2020년 5월 23일자 『한국일보』 기사), 그런 배 할머니의 불신과 의구심이 결코 근거 없는 것이 아니었음을 증명한다. 그리고 배 할머니는 작고 후에도 언론 지상에 '나눔의 집'이 계속 이어가고 있는 일본 정부 상대 소송의 원고 명단 맨 앞에 등장한다. 할머니는 배상은커녕 보상조차 원하지 않았던 분이라는 사실이 주변 관계자들에게 인지되었었는지 여부는 알 수 없지만, "일본에 가가지고, 다른 단체를 만들고, 뭐 맨들고(만들고)… 우리들은 언제 죽을지 모르는데…"라는 말은 그 말이 옳든 그르든 개인의 생각은 드러나지 않은 채 오늘도 이어지고 있는 모든 '운동'과 소송에 대한 무거운 비판이 아닐 수 없다.

배 할머니의 생각이 꼭 '피해자의 목소리'의 중심이 되었어야 한다는 이야기가 아니다. 문제는 이런 목소리가 단 한 번도 들리지 않았다는 사실, 들리지 않았다는 사실조차 인식된 적이 없다는, 당사자 소외라는 사태가 30년이라는 세월 동안 단 한 번도 문제시되지 않았다는 사실에 있다.

할머니들을 위해 모인 대부분의 돈이 할머니들을 위해 쓰이는 게 아니라 지원단체의 자산으로 쌓이고 있었다는 2020년 5월 이후의 각종 보도를 참고한다면, 그렇게 이루어진 재판에서의 승소가 과연 누구를 위한 승소였을지도 알 수 없는 일이다. 망자가 되어도 자신을 편안하게 해주지 않는 그 공간을 배 할머니는 생전에도 "지옥"이라고 표현했다.

그런 필요를 위해서였겠지만, 지원자들은 피해자들을 일상 속에서도 '관리'했다.

> "아, (일본 사람을) 못 만나게 해. 작년에도 일본 国会(국회) 사람들 열여섯 명 왔는데, 방에 뛰(뛰어)들어오더니만도 커텐(커튼)을 첨에 치라 캐(해), 왜, 왜, 커텐을 치라 카는데(하는데), 여기 손님 있는데 커텐을 왜 치냐, 카니(하니), 소장이 들어와가지고 커텐을 탁 쳐뿔고(쳐버리고), 문도 탁 잠가뿔고(잠가버리고) 해가지고, 저 허연 종이를 하나 가져오더니마는 전부 자기들이 (우리)이름 써가지고, 저 사람들 보는 거 反対(반대)한다고…"

일본을 상대로 운동하면서도, 일본과 당사자들의 직접적인 만남은 통제되었다. 배춘희 할머니가 일본을 상대로 한 '사죄·보상 요구 운동'에 부정적이었던 이유는 바로 그 때문일 것이다. 심지어 '당사자'

들은 죽음조차 늘 "한을 안고 돌아가신" 것으로 해석(횡령)되어, 운동이 이어져야 할 이유로 '사용'되었다. 배 할머니가 작고하자마자 '나눔의 집' 소장이 "할머니 또한 국가배상을 원했다"고 기자들에게 말했던 것은 그런 현장 중의 하나다. 그리고 그 보도를 믿은 국민들은 대변자의 말을 당사자의 말로 오랜 세월 착각했다. 위안부라는 이름의 서발턴 중 일부는 한국 사회에서 그렇게, 살아서도 죽어서도 "말할 수 없"었다. 배 할머니 외에도, 지원단체가 주장해온 배상이 아니라 보상을 원했고 법적 사죄에 대해서는 들은 적조차 없다는 분들은 적지 않았다.

배 할머니가 운동이나 사죄·보상 자체를 완전히 부정한 건 아니다. 배 할머니는 한국 사회에서 당연시되고 있는 이야기들이 "진실"(사실)인지에 의구심을 품었고, 사실에 뭔가가 덧씌워져 사태가 부풀려지는 사태를 우려했다. "오만(많은) 소리를 해가지고 전부 해가지고 거기에다 그 죄에다가 또, 또, 더 얹어가지고… 그 죄에다 얹고" 하는 정황을. "끄집어내도 좀 똑바로 끄집어내면(끄집어냈으면) 하지만… 안 그랬던 걸 또 그랬다고 하니깐. 저놈아들이 가만히 있(젰)어?" 하는 게 배 할머니의 '위안부 문제 해결 운동'에 대한 인식이었다.

배 할머니가 사태 해결에 대해 희망을 가질 수 없었던 건 바로 그 때문이다. 배 할머니는 "이 실타래가 어디서 어째(어찌) 돼가지고 어디에서 어떻게 얽혀가지고… 수년 실타래가 얽혀가지고 못 풀었는데… 지금 풀 수 있는 줄 아느냐고," 하고 탄식했다. 배 할머니에게는 일본의 대응을 두고 "뭐, 돈 안 줄려고 저러는 거다, 하고 反対に(반대로) 듣고 있"는 세상이 "보기도 답답"했고 "일본 쳐다보기도 답답"했다. 배 할머니에게, 세상은 그렇게 "묘하게 꼬여" 있었다. 사죄·보상 요구의 상징―운동의 상징이 된 소녀상에 배 할머니가 비판적이었던 이유도 거기에 있었을 것이다.

"道通る人にも (지나가는 사람한테도) 五千円でも一万でもいい (5000엔이든, 1만 엔이든) 닥치는 대로… 뭐, 그렇게… 한 4, 5000만 원 들어온 거 가지고 저 인형을 만든 거라."

"위안부 문제를 이렇게까지 해가지고, 인형까지 만들어서 미국까지 던지고. 일본은 못 가져왔으니까 못 가져왔을지도 모르지만, (위안부) 옆에 달려 (붙어)가지고 월급 받아먹는 사람들이 더하다고 더해."

"정대협도, 挺対協も (정대협도)… 그 인형 있잖아, 인형… 미국에도 보내고 했던 그 인형, 그걸 또 모금을 해가지고 돈을 5000만 원인가 모았거든. 그래가지고, 그 인형을 만들었다고. 그래가지고, 그 인형에 옷 입혀서 저래 막, 또 선전을 하고…."

물론 '당사자'의 이런 시선은 소수였을 수 있다. 하지만 소수라고 해서 묵살되어야 하는 건 아니다. 다양한 의견은 봉쇄된 채, 10년 가까이 소녀상은 늘 모든 '당사자'의 뜻으로 간주되었다. 훼손될 수 없는 것으로 자랑스럽게만 이야기되는 "대의"와 "운동 30년"이란 그렇게 또다른 당사자의 '침묵'과 병행되어온 30년이기도 했다.

이 모든 문제의 저변에는 위안부에 대한 생각의 차이가 깔려 있다. 배 할머니의 위안부 인식 역시, 정대협과 언론과 영화 등 재생산물에 의해 회자되고 정착된 인식과는 근본적으로 달랐다.

"그리고 옛날에, 일본말 배우고 그러니깐… 인신매매 있잖아… 그런 사람들이 그래가지고, 말하자면, 뭐, 挺身隊(정신대) 잡아갔지… 일본 정부에서 절대로 그런 짓 안했거든, 이걸."

"그러니까, 그 사람들이, 그때 그 당시에 인신매매한 사람들이, 전부 일본말 배워가지고 일본말 하고 돌아댕기고… 막, 인신매매했지. 일본 정부에서 한 건 없고. 그 뭐 挺身隊(정신대) 데리고 간다 하면서…."

"근데 이제 그 말은 정신대에 데려간다, 정신대 데려간다… 뭐 이런 말은 있었거든. 있어도, 일본, 뭐 군대가 일본… [불명]의 사람이, 잡아가고 뭐 그런 건 없지 싶어."

"옛날에 집이 입장이 곤란해가지고 간다고 갔는 기(간 것이) 돈 때문…"

"그걸 중국인이, 소개해가지고 데리고 가는 사람들이… 위안부… 어찌 처음에는 공장이라 캤는데, 나중에 가보면 위안부라 카는 말을 들으니까 깜짝 놀래지. 원래 일본 사람들이 전선에 보내는 군인들한테 あれこれ(이것저것) 전부, お世話(보살피는) 사람들이 위안부라, 위안분데, 그 시절에는 한국 사람들이 [불명]한 사람도 있고, 끌고 간 ために(끌고 갔기 때문에)…"

배 할머니는 인신매매의 주체는 일본 군대나 정부가 아니고 그 배경에는 가난이 있었으며 위안부란 군인을 보살피는 존재라고 말한다.

위안부 동원은 "일본말 배운" 한국이나 중국 사람들이 (다른 곳에서는 중국인이라는 얘기도 한다) 정신대 가는 거라 하면서 데려갔다고도 한다. 실제로는 일본인 중에도 인신매매자도 업자도 있었으니, 이 부분은 정확하지는 않다. 하지만 배 할머니의 경험 안에서는 그랬다는 이야기이다. 그렇게 해서 투입된 위안부에 대해 배 할머니는 이렇게 '정의' 내렸다.

"위안부라 카는데(하는데), 뭐냐 카면(하면), 위, 위, 안, 부, 카는(하는) 글자 고대로(그대로) 옛날에 일본 군인들 お世話する(이것저것 챙겨주는), 그 母親たちが(어머니들이), [불명] 일본군 전선에 갈 때 전부 お世話お世話、前掛けお世話(이것저것 챙기고, 앞치마 입고 보살피는) 그런 사람들을 위안부라 캤거든(했거든)."

"근데 위안부라 카는 이 얘기는… 일본의, 근데 위안부라고 하는 이 얘기는, 일본의 軍隊、お世話する、千人ばり、千人はりとか 色んなこの兵隊さんをお世話する、エプロン(군대를 보살피는, 천인침, 천인침이라든가, 여러 가지로 군인을 보살피는, 앞치마) 같은 거 입고, 그런 거 하는 사람들을 그때는 위안부라고…."

배 할머니에 의하면, 위안부란 '어머니'처럼 군인을 "이것저것 보살피는" 존재였다. 사실 배 할머니가 언급한 정황은 위안부라기보다 '국방부인회' 활동으로 보인다. 하지만 당시 군인이 전쟁터로 떠날 때 차를 끓여 대접하고 등물을 해주는 등 '어머니들처럼 챙겨주는' 역할을 담당한 국방부인회에 '위안부'가 많이 가입했던 건 사실이다. 그렇게 '국방부인'이 되어 활동하는 건 글자 그대로 '국방'이라는 이름의 애국 활동에 참여하는 것이었고, 그런 활동은 '매춘부'도 '성노예'도 아닌 존재로서의 자신을 자각하는 순간이기도 했을 것이다. 국방부인회 띠를 두르고 찍힌 위안부의 사진도 존재하는 건 그런 맥락에서의 일이다.

　물론 그런 '어머니'라는 이미지 또한 국가가 멋대로 붙인 또다른 이름이기는 하다. 하지만 중요한 건 '당사자'가 자신을 말하는 단어로 '매춘부'나 '성노예'가 아닌 "어머니"로 표상된 "위안부"를 선택했다는 점이다. 위안부란 '글자 그대로' '위안하는 여성'이기를 요구당한 존재였지만, 그 이름을 스스로 정의내리는 것으로써 한 사람의 '당사자'는 '성노예'와 '매춘부'라는 네이밍이 내포한 엘리트의 시혜적 시선과 사회적 차별을 함께 거부했다. 그건 동원 과정이 어떠한 것이었든, '위안부'라는 이름이 그녀들에게 '매춘부'라는 사회적 시선과, '성노예'로서의 자괴감으로 점철된 절망의 나날을 순간이나마 견디게 해줄 유일한 이름이었을 가능성을 말한다.

　위안부의 동원과 위안소 생활에 대해 이렇게 정의한 배 할머니는 "해방되고는 전부 자기 갈 데로 다 가고"했다고도 말한다. 여성의 의사를 무시한 남성중심적 처사이기는 해도 잠시나마 '어머니' 역할을 맡긴 국가가 '어머니'의 '그 후'에 무심했음도 드러나지만, 더 중요한 건 이른바 '대부분 학살'설과는 차이가 있는 이야기라는 점이다. 이는, 정대협이 주장하고 영화 〈귀향〉의 포스터 등에 사용된 '20만 명 끌려갔다가 2만 명이 살아 돌아왔고 이백수십 명이 목소리를 냈다'는 인식이 재고되고 수정되어야 하는 이유이기도 하다.

　배 할머니의 이야기는 얼핏 다른 할머니의 증언과 동떨어져 보인다. 하지만 실은, 비슷한 이야기를 위안부 증언집에서 쉽게 볼 수 있다. 말하자면 배 할머니의 이야기는 이미 나온 이야기의 또다른 버전일 뿐이다.

　배 할머니는 굳이 묻지 않아도 이런 이야기들을 자주 했다. 어느 날은 몸이 안 좋은데도 "딴 말 할 건 없고… 밖에서 누가 듣는다. 그렇기 때문에, 이 얘기도 길겐 못 하고 간단하게⋯. 오늘 내가 힘을 내가지고⋯ 힘을 내가지고⋯"라며 마치 유언처럼 이야기를 시작하기도 했다. 엿들을지도 모르는 '대변자'의 귀를 두려워하면서.

그런 식으로 자주, 그리고 오래 이야기하면서도 내 시간을 뺏는 건 아닌지 배려하고 친근하게 반말을 쓰다가도 전화를 끊을 때면 "네" 하고 정중하게 예의를 갖췄던 배 할머니를 나는 좋아했다. 또, "진실"을 말하고 싶다는 진정성과 무욕과 자비심으로, 그리고 자신만의 시각으로 세상을 바라봤던 1920년대 출생 여성을 존경의 염念으로 바라봤다.

배 할머니 역시, 자주 중립적인 태도를 취하곤 했던 나에 대해 때로 의구심을 표하면서도 "그 마음은 내가 알고 있지", "유하밖에 없다"며 마음을 열어주었고, 믿어주었다. 병원에 문병 갔다가 보호자가 아니라는 이유로 쫓겨나온 뒤로 보호자가 될 의논까지 함께 했었던 까닭이기도 하다. 하지만 다시 '나눔의 집'으로 이동 '당하면서' 할머니는 "꿈"을 접었다. 5월 초에는 아직 내가 만날 예정이라고 말한 '변호사'에게 희망을 걸면서 자신의 혈액형과 치료 시 주의할 점까지 말했음에도. 그로부터 고작 열흘 후에, 할머니는 "아무것도 안 해도 돼"라면서 내가 더이상 나서는 것을 거부했다. "꿈은 많은데 해낼 수 있을지 모르겠다"는 배 할머니의 우려는 적중했고, 배 할머니에게 피해가 가지 않는 어떤 방법이 있을지 내가 고민하는 사이에 할머니는 세상을 떠났다.

배 할머니를 돌아가시게 만든 가장 큰 원인은 당연히 신체적인 요인에 있었겠지만, 정신적인 부자유—"真実(진실)"을 말할 수 없는 환경 속에서 "어느 쪽 편도 들 수 없"었던 그 부자유한 위치 또한 할머니의 죽음의 작지 않은 원인이었을 거라고 나는 생각한다. "이승에는

일가도 없지, 아무도 없"다고 했던 배 할머니의 절대고독은 단지 대화가 통하는 친구가 없었기 때문만은 아니다. "정말로 진정으로 말하는 사람 말은 안 듣"고, "이래놓으니까 世の中가 (세상이), 우는 사람은 울 수밖에 없는 거고, 웃고 있는 사람은, 사기해먹는 놈은 좋다고 웃고.", "世の中는 (이 세상은) 사기꾼이나 저런 사람들을 신용하지, 진실을 (말)하는 사람들은 신용을 안 하기 때문에" 할머니에게 "세상은 무섭고" "옛날하고도 점점 달라지는 세상"은 배 할머니에게 "귀찮"은 것일 수밖에 없었다. 배 할머니가 "기운 차릴 생각" 대신 "이런 세상 살아봤자" 하는 체념을 갖게 만든 건 바로 그런 세상=사회다. 그런 의미에서 배 할머니의 죽음은 사회적인 죽음이기도 했다. "(내) 위치가 너무 무겁다", "대가리 쓰는 것도 인자 頭い다이 (머리 아프다)"라고 했던 배 할머니 말을 나는 그렇게 이해한다. 그 무게와 고통을 덜어드리지 못했을 뿐 아니라 6년이나 지나서야 귀중한 목소리를 세상에 전달하게 된 나의 무력을, 배춘희 할머니께 깊이깊이 사죄드리고 싶다.

제2부는 같은 시기에 만난 다른 할머니 몇 분과 나눈 짧은 대화의 기록이다.

앞서 쓴 것처럼 '사죄와 보상에 대한 생각'에 초점이 맞추어져 있어서, 제1부에 비해 훨씬 단순한 내용이다. 하지만 짧기는 해도 지원단체의 30년 주장이었던 '법적 사죄'와는 다른 생각은 물론, 오랜 세월의 기다림 끝의 "사죄도 안 할 거고, 보상도 안 해줄 거예요"라는, 배 할머니가 말한 "꼬여 있는 실타래" 인식과 상통하는 깊은 체념도 보인다. 정대협의 큰 목소리에 대해 "할머니들이 별 생각 다 하면 무슨 소용 있어?"라는, 당사자 위치에서 비껴난 푸념과 "단체들이나마나 거기도 뭐, 할머니들 둘밖에 없다 그러데"라는 식의 대항적인 감정이 나란히 존재했다는 사실 역시 알 수 있다. 일본에 가서 "구구한 소리" 하기 싫고, "눈"이 불편해서도 나가기 싫다는 불평도 보인다. "돈은 필요없다"고 했던 지원단체 주장이 그저 "듣기 좋은 소리"였다는 인식도. 고작 몇 분이지만 배 할머니의 목소리와 결을 같이하는 목소리도 달리하는 목소리도 들린다. 하지만 이렇게 '다른' 생각들은 바깥으로는 목소리가 되어 나오지 않았다. 그 결과가, 온 국민이 위안부 문제를 알면서도 실은 모르는, 오늘의 정황이다.

3.

지원단체의 문제나 위안부에 대한 이해 외에도, 이 기록집은 일본이나 사죄·보상에 대한 생각, 김학순 할머니 등 다른 할머니들의 등장과 증언 양상에 대한 생각도 담고 있다. 지역/종교 갈등 등 한국 사회의 축소판에까지 맞닥뜨리게 되는 것은 당혹스러운 일이 아닐 수 없지만, 그 모든 생각 또한 '당사자'들의 "진실"이자 그들이 놓여 있었던 현장이다.

그러므로 그런 목소리들—푸념과 탄식과 기억들이 많은 이들에게 우선은 있는 그대로 가닿기를 다시 바란다. '청자'들에게 온전히 가닿아, 청자가 아닌 발화자의 맥락에서 섬세하게 청취되고, 그녀들이 놓였던 동시대를 상상하기 위한 '또 하나의 목소리'로 읽힐 수 있기를. 그리고 옛날이 아니라 오늘, 당사자들이 무엇을 원하고 바랐는지가 온전히 전달되기를. 그때, 소거되었던 목소리의 주인공들, '서발턴'들은 비로소 다시 '말할 수' 있을 것이다. '향후'에 대한 논의를 시작하는 것은 그 이후라야 한다.

기록을 정리하면서 주석을 붙였으나 문맥을 이해하기 위해 필요하다고 여겨진 내용만을 최소한으로 썼다. 마지막으로, 정리 작업을 진행하면서 다방면으로 유족과의 연락을 시도했으나 여의치 않았다. 이 책을 보신 유족분이 연락을 주시기를 저자와 출판사가 함께 기다리고 있다.

이 기록집이 세상에 나올 수 있도록 흔쾌히, 소중한 시간을 쪼개 도와주신 여러분—출간에 앞서 필요한 검토를 해주신 김치관/이성문 변호사, 녹취록에 대한 의견과 함께 왜관 사투리의 이해를 도와주신 권용득 작가, 안 들리는 목소리까지 복원해 이 기록집을 풍요롭게 해주신 음악가 지미 스트레인 님, 미완성 상태였던 녹취록을 깔끔하게 완성해주신 박규빈 시빅해커, 그리고 녹취록 편집과 함께 아름답고 뜻깊은 표지를 디자인해주신 최규승 시인, 그리고 출판을 지지해주신 김철 교수님, 예정에 없던 출간임에도 의미와 의도를 이해하고 언제나처럼 흔쾌히 책을 내주신 뿌리와이파리 정종주 대표께 깊은 감사 말씀을 드립니다.

2020년 8월 10일
박유하

일본군 위안부, 또 하나의 목소리

2020년 8월 18일 초판 1쇄 찍음
2020년 8월 28일 초판 1쇄 펴냄

지은이 배춘희/박유하

펴낸이 정종주
편집주간 박윤선
편집 강민우 김재영
마케팅 김창덕

펴낸곳 도서출판 뿌리와이파리
등록번호 제10-2201호(2001년 8월 21일)
주소 서울시 마포구 월드컵로 128-4, 2층
전화 02)324-2142~3
전송 02)324-2150
전자우편 puripari@hanmail.net

디자인 최규승
종이 화인페이퍼
인쇄 및 제본 영신사

값 16,000원
ISBN 978-89-6462-144-8 (03300)

이 도서의 국립중앙도서관 출판예정도서목록(CIP)은 서지정보유통지원시스템 홈페이지(http://seoji.
nl.go.kr)와 국가자료공동목록시스템(http://www.nl.go.kr/kolisnet)에서 이용하실 수 있습니다.(CIP 제
어번호: CIP 2020031788)